Cuaderno de Trabajo para Padres, Maestros y Niños sobre el Trastorno de Bajo Nivel de Atención (ADD) o Hiperactividad

Por el Dr. Harvey C. Parker

Specialty Press, Inc.

Parker, Harvey C.
    Cuaderno de Trabajo para Padres, Maestros y
    Niños sobre el Trastorno de Bajo Nivel de Atención
    (ADD) o Hiperactividad
    páginas 142

    Resumen: Estrategias eficaces para identificar y
tratar a niños con el trastorno de bajo nivel de atención en
el hogar y en la escuela.

ISBN 0-9621629-5-7

1. El trastorno de bajo nivel de atención – Su tratamiento
2. La hiperactividad – Su tratamiento

Editado por Specialty Press, Inc.
(antiguamente Impact Publications, Inc.)
Suite 102
300 Northwest 70th Avenue
Plantation, Florida 33317
(305) 792-8944

Impreso en los Estados Unidos de América

A Roberta, Michelle y Julie.
Gracias por su amor,
paciencia y apoyo.

¡Ideas prácticas para padres, maestros y niños! ¡Ahora en español!

Cuaderno de trabajo para padres, maestros y niños sobre el trastorno de bajo nivel de atención (ADD) o Hiperactividad

Por el Doctor Harvey C. Parker

¡Revisado y Actualizado!

- Como identificar a los niños con ADD.
- ¡Controle la conducta en la casa!
- ¡Mejore el aprendizaje en las escuela!
- ¡Información sobre los medicamentos y la modificación de la conducta!
- Hojas de trabajo, tablas y etiquetas.

Un libro predilecto desde hace tiempo, el *Cuaderno de trabajo para padres, maestros y niños sobre el trastorno de bajo nivel de atención (ADD) o Hiperactividad* es recomendado por médicos, psicólogos y educadores a los padres de niños con ADD. Es un libro directo, fácil de comprender, práctico y ahora, en su segunda edición, brinda la información más actualizada que esté disponible sobre los trastornos de bajo nivel de atención.

Este es un cuaderno de gran popularidad sobre los niños con ADD, que colocará a los padres en una posición de mando. En un estilo ameno pero altamente documentado, el doctor Harvey Parker relata la historia, las características y las causas del ADD. Los capítulos sobre el tratamiento, que incluyen el manejo de los medicamentos, el asesoramiento psicológico y la modificación de la conducta, están cacritos en un estilo comprensible y de aplicación práctica. El análisis sobre el manejo de los padres con estrategias prácticas para solucionar problemas corrientes que confrontan los padres de los niños y adolescantes con ADD le serán muy esclarecedoras y le brindarán una gran ayuda.

Los hojas de trabajo para los padres en relación con las conductas que se desean cambiar, los formularios de evaluación de los medicamentos, las escalas evaluativas de la conducta, una tabla de adaptación del aula y muchas otras sugerencias para padres y maestros hacen que este cuaderno de trabajo sea sumamente práctico.

¡Hasta se incluye algo para los niños! El cuento de un niño con ADD, y tablas para etiquetas, junto con etiquetas para motivar a los niños hacen que esta cuaderno sea realmente uno de trabajo.

¡Se puede obtener en inglés y en español!

Se puede obtener ahora de:
The ADD WareHouse

300 Northwest 70th Avenue • Plantation, Florida 33317 • 305-792-8944

Para los pedidos con tarjetas de crédito, cheques de EE.UU. o giro postal de divisas, envie el formulario que aparece al dorso.

Cuaderno de trabajo para padres, maestros y niños sobre el trastorno de bajo nivel de atención (ADD) o Hiperactividad

FORMULARIO PARA PEDIDOS

A.D.D. WAREHOUSE
300 Northwest 70th Avenue
Plantation, Florida 33317

Deseo recibir _____ copias del *Cuaderno de trabajo para padres, maestros y niños sobre el trastorno de bajo nivel de atención (ADD) o Hiperactividad* por el doctor Harvey C. Parker.

Sirvase envirarlas a:

_____
Primer nombre   Segundo nobre (inicial)   Apellido

_____
Nombre de la compañía

_____
Calle

_____
Ciudad   Estado   Código postal
                                        (_____) _____
_____
País   Teléfono

Incluyo en el pago:

Deseo pedir _____ copias x $16.00 @ (US $)   _____

Cobro por flete y envío $5.00 primera copia   _____
($3.00 cada copia adicional)
                                        Suma total incluída: _____

Envío cheque de EE.UU. o giro postal a nombre de A.D.D. WareHouse

_____ Visa _____ MasterCard   Tarjeta caduca _____ _____
                                                                                        mes   año

___ ___ ___ ___ ___ ___ ___ ___ ___ ___ ___ ___ ___ ___ ___ ___
Número de cuenta (incluya todos los números)

_____
Firma

Enviar a la dirección qua aparece arriba. Pedidos por tarjeta de crédito al Fax (305) 792-8545 o pedidos por teléfono al (305) 792-8944.

INDICE

Capítulo Uno
Características de los niños con el trastorno de bajo nivel de atención

Introducción

A penas pasa una semana sin que se publique algún que otro artículo en un periódico local o alguna revista nacional sobre el tema del trastorno de bajo nivel de atención (ADD). Los animadores de los programas de entrevistas de la televisión se han referido al tema, y tanto las revistas profesionales como los libros de textos de psicología y medicina contienen numerosos estudios sobre el trastorno. A lo largo de los Estados Unidos, Canadá y otros países se han organizado grupos de apoyo de padres para dar asistencia a las familias facilitándoles un foro en donde los padres puedan intercambiar información y experiencias acerca de la educación de un niño hiperactivo y distraído.

Quizás el fervor en torno al ADD se deba en parte a la controversia suscitada por los medicamentos que se han utilizado para tratar a estos niños. Quizás el interés en el trastorno fue provocado por padres que asumieron la defensa de sus hijos para garantizarles su derecho a una educación con calidad. Quizás le prestamos más atención al ADD porque ahora comprendemos que tiene consecuencias muy importantes a largo plazo, puesto que ya sabemos que un número considerable de los niños que tienen ADD llegarán a ser adultos con ese trastorno. Cualquiera que sea el motivo de todo este interés, sólo puede ser beneficioso. Hoy en día educar a un niño o a un adolescente es bastante difícil. Educar a uno que tiene un trastorno de bajo nivel de atención es sumamente difícil. Tanto los padres de los niños con el ADD como los propios niños necesitan ayuda.

Este manual pretende brindar información práctica a padres y maestros sobre el ADD y los problemas que se relacionan con esta alteración. Este capítulo y los dos siguientes ofrecen un panorama de estos trastornos detallando las características que presentan los niños que tienen ADD, junto con una explicación acerca de sus posibles causas, así como una

1

descripción de los tratamientos establecidos. Los capítulos restantes ofrecen entrenamiento práctico para ayudar a los padres y educadores a enfrentar ciertos aspectos del trastorno en el hogar y en la escuela. Se incluyen hojas de trabajo que contribuirán a capacitar al lector en la aplicación de estrategias conductuales en su trato con los niños. Se hacen sugerencias a los maestros para ayudarlos a realizar algunos ajustes en el aula que puedan contribuir a que los estudiantes con ADD mejoren su rendimiento escolar. También se incluye un cuento que se debe leer al niño que tiene ADD para favorecer un sentido positivo de autoestima, y una mejor comprensión del trastorno.

La mayoría de los padres de niños con ADD se sienten muy solos. Con frecuencia piensan que los problemas que ellos y su hijo confrontan son únicos. Las madres en particular, y en especial las madres de niños pequeños con ADD, se sienten separadas de los demás padres. No es raro que manifiesten sentimientos de tristeza, aislamiento y dudas en relación con su capacidad para educar a sus hijos. Resulta interesante observar que cuando se encuentran con otros padres cuyos hijos tienen ADD, se establece de inmediato un vínculo y sienten alivio al saber que no están solos.

Los padres de niños con ADD relatan experiencias muy similares.

"Cada vez que salimos a un restaurante mi esposo y yo nos pasamos la mayor parte del tiempo recordándole a Jessica que debe sentarse tranquila. Es simplemente imposible llevarla a cualquier lugar. Siempre está acelerada."

"Roberto acaba de obtener la licencia de conducir hace ocho meses y ya le han puesto dos multas y estuvo involucrado en un accidente. Siempre está apurado y es como si no pensara las cosas antes de hacerlas."

"Nunca sé lo que me voy a encontrar cuando recojo a Esteban en la escuela. No puedo creer que sólo tiene cuatro años y la maestra ya le da una mala evaluación todos los días. Me siento como si fuera culpa mía. Me gustaría recogerlo y ver a la maestra sonriéndome aunque fuera sólo una vez."

"Ni mi esposo ni yo lo entendemos. Tuvimos que pelearle toda la noche a Allison para que hiciera sus tareas de la escuela. Primero no se acordaba qué tarea debía hacer. Luego, cuando logramos averiguar cual era, no sabía cómo hacerla. Al cabo de dos horas de esfuerzo, logramos terminarla. Para colmo, la maestra nos llamó esta tarde para decirnos que no había entregado la tarea."

La mayoría de los padres dan por sentado la conducta de sus hijos. Por ejemplo, cuando van a un cine, generalmente piensan que sus hijos se van a entretener con la película y la mirarán tranquilamente, quizás pidiendo de vez en cuando un refresco. Cuando van de compras la mayoría de los niños siguen detrás de sus padres, impacientándose y descontrolándose ocasionalmente. En las noches en que las escuelas permanecen abiertas para recibir a los padres, la mayoría de éstos generalmente anticipan con placer la visita al aula de su hijo, y confían en que el maestro los recibirá con entusiasmo y les dará un buen informe sobre su hijo. Aunque esas experiencias positivas son normales para la mayoría de los padres, con frecuencia resultan bastante poco normales para los padres de niños con ADD.

Las revistas profesionales han publicado miles de artículos científicos sobre la hiperactividad y la atención deficiente en los niños. Sin embargo, hace sólo unos años los padres no tenían acceso a muchas fuentes de información precisa. Los profesionales de la salud solían desconocer los escritos científicos sobre el tema, y con frecuencia los médicos y profesionales de la salud mental o bien no diagnosticaban a los niños con ADD, o los diagnosticaban erróneamente. Algunos los consideraban como niños con dificultades de aprendizaje, emocionalmente desequilibrados, o el producto de una alimentación poco sana o de padres deficientes. Los errores en el diagnóstico condujeron a errores en el tratamiento, y muchos padres de niños con ADD perdieron su tiempo y su dinero en terapias fracasadas, las cuales, después de un largo tratamiento, con frecuencia no producían una mejoría en relación con el día en que se iniciaron. En los últimos años hemos mejorado mucho nuestros conocimientos sobre ADD, y tanto los mitos como las concepciones erróneas en torno a esta alteración se están desvaneciendo. Hoy en día, los padres que sospechan que su hijo tiene un trastorno de bajo nivel de atención pueden confiar más en que sus médicos sabrán como diagnosticar y tratar esta alteración.

En las escuelas también se empieza a comprender mejor lo que es el ADD. Los educadores están más conscientes de que no se debe confundir el ADD con las dificultades de aprendizaje y los desequilibrios emocionales. Al poder distinguir mejor estos trastornos en los niños, los planteles educacionales están respondiendo a las necesidades de los estudiantes con ADD de manera diferente a como lo hicieron en el pasado. Se están tomando medidas en las escuelas para dotarlas de programas educacionales apropiados, dirigidos a mejorar el aprendizaje y el rendimiento académico de los estudiantes con ADD de todas las edades. Los maestros y los directores están recibiendo adiestramiento interno en relación con ADD, y el gobierno federal ha estado asignando recursos para divulgar información acerca del ADD a las escuelas a lo largo del país.

La opinión pública se está poniendo finalmente a la altura del conocimiento científico, y los padres de los niños con ADD albergan esperanzas de que traerá un cambio significativo en la vida de sus hijos.

¿Qué es un trastorno de bajo nivel de atención?

ADD es un trastorno neurobiológico. Se caracteriza por capacidades de atención que no concuerdan con la etapa del desarrollo y, en algunos casos, por impulsividad y/o hiperactividad.

Durante bastante tiempo, muchos consideraban que la hiperactividad era la característica más sobresaliente del ADD. Sin embargo, hemos llegado a comprender que probablemente existen diferentes tipos del trastorno de bajo nivel de atención. Algunas personas con ADD son excepcionalmente hiperactivas e impulsivas, otras son sobre todo distraídas y otras inclusive presentan una combinación de los tres rasgos.

Estos diferentes tipos del trastorno se describen en la Cuarta Edición del Manual de Diagnóstico y Estadísticas para Trastornos Mentales (DSM-IV), que será publicado por el American Psychiatric Association. Los tres tipos son*:

- Trastorno de bajo nivel de atención o hiperactividad, de tipo predominantemente distraído
- Trastorno de bajo nivel de atención o hiperactividad, de tipo predominantemente hiperactivo e impulsivo; y
- Trastorno de bajo nivel de atención o hiperactividad, de tipo combinado.

El tipo predominantemente hiperactivo-impulsivo, junto con el tipo combinado, integran la mayoría de los casos del trastorno de bajo nivel de atención o hiperactividad en los niños. Probablemente una tercera parte de todos los niños con el trastorno son del tipo predominantemente distraído y no muestran rasgos de impulsividad o hiperactividad. Aunque trastorno de bajo nivel de atención o hiperactividad es el nombre correcto del trastorno, desde el punto de vista técnico, para mantenernos dentro del uso más generalizado se utilizará el término trastorno de bajo nivel de atención (ADD) en este libro. En algunos casos específicos, se hará referencia a tipos específicos.

Para recibir este diagnóstico, el individuo debe presentar los síntomas de distracción, hiperactividad o impulsividad que se describen en el DSM-IV. Estos síntomas deben haberse manifestado antes de los siete años de edad. El individuo debe verse perjudicado por dichos síntomas en dos ambientes, o más (por ejemplo, en la escuela, el trabajo y el hogar). También debe evidenciarse un deterioro en su relación con el medio social, académico u ocupacional. Además, los síntomas no pueden ser el resultado de otro trastorno psiquiátrico.

Traducción no oficial del DSM-IV Draft Criteria (1/3/93). Copyright 1993 American Psychiatric Association.

Distracción

Aunque la capacidad de atención no es tan visible como la hiperactividad o la impulsividad, es generalmente el síntoma de ADD que más problemas ocasiona en la escuela. Un niño con trastorno de bajo nivel de atención/hiperactividad, del tipo predominantemente distraído, presenta por lo menos seis de las características de distracción que se describen a continuación:

- con frecuencia no presta atención a los detalles o comete errores de descuido en las tareas de la escuela, el trabajo u otras actividades;
- con frecuencia tiene dificultad en no aflojar la atención mientras realiza tareas o actividades recreativas;
- con frecuencia no parece escuchar cuando se le habla directamente;
- con frecuencia no sigue las instrucciones y no logra completar las tareas en la escuela, el hogar o el trabajo (no por desobediencia ni por no entender las instrucciones);
- con frecuencia tiene dificultad en organizar tareas y actividades;
- con frecuencia evita, le disgusta o es reacio a emprender tareas que requieran un esfuerzo mental sostenido (como, por ejemplo, los trabajos en la escuela o las tareas escolares en la casa);
- con frecuencia pierde los objetos necesarios para realizar las tareas o actividades (por ejemplo, juguetes, tareas de la escuela, lápices, libros o útiles);
- con frecuencia se distrae fácilmente ante los estímulos externos;
- con frecuencia se muestra olvidadizo durante las actividades diarias.

Aunque esté frecuentemente distraído, el niño con ADD es capaz de concentrar su atención en situaciones que son de su interés. Generalmente posee la atención suficiente cuando está realizando actividades que disfruta altamente, como por ejemplo, divertirse con los juegos de vídeo o ver la televisión. Además, durante las actividades de sólo dos personas, en las que se observa de cerca al niño con ADD, su capacidad de atención puede ser normal.

Hiperactividad-Impulsividad

Aunque no todos los niños con ADD son hiperactivos o impulsivos, los que sí lo son no pasan inadvertidos. No estamos hablando de la típica conducta intranquila y enérgica que se observa en la mayoría de los niños chicos. Los niños hiperactivos por lo general despliegan una intranquilidad y un exceso de actividad considerablemente mayor que sus compañeros no hiperactivos y en un número de situaciones muchísimo mayor. Su impulsividad se refleja en una capacidad de controlar sus emociones y conducta que es muy inferior a la típica en otros niños de su edad.

Esto se observa con más facilidad en los niños de edad preescolar. Un torbellino de movimiento y energía, el niño preescolar con ADD puede parecerse a una bala disparada, está en todas partes al mismo tiempo, y en ningún lugar por mucho rato. Siempre están tocando algo, moviéndose aquí y allá, nunca satisfechos, nunca haciendo lo mismo por mucho tiempo, siempre curiosos, y requiriendo de supervisión. Por suerte, su hiperactividad e impulsividad es peor cuando son muy jóvenes, y van calmándose con el paso de los años.

En la escuela primaria, el nivel de actividad del niño hiperactivo desciende, y pasa de acelerada a intranquila. Todavía parecen conservar una fuente constante de energía, y están dispuestos a iniciar una nueva actividad en cuanto se cansan de la anterior. Pueden alterarse y sentirse estimulados fácilmente por sus alrededores, y agotan constantemente a sus padres y amigos que necesitan tomar un descanso de vez en cuando.

El niño con un trastorno de bajo nivel de atención/hiperactividad muestra por lo menos seis de las siguientes características:

Hiperactividad
- con frecuencia agita las manos o los pies y se retuerce en el asiento
- con frecuencia corre o trepa excesivamente en situaciones no apropiadas (en los adolescentes o adultos esta conducta puede limitarse a un sentimiento subjetivo de intranquilidad)
- con frecuencia tiene dificultad en jugar o emprender actividades recreativas en forma tranquila
- con frecuencia está "en movimiento" o actúa como si estuviera "impulsado por un motor"
- con frecuencia habla demasiado

Impulsividad
- con frecuencia contesta abruptamente las preguntas antes de que las mismas se hayan terminado de formular
- con frecuencia tiene dificultad en hacer cola o aguardar su turno en un juego o en otras situaciones colectivas
- con frecuencia interrumpe o se inmiscuye en las actividades ajenas (por ejemplo, interrumpe conversaciones o juegos)

Frecuencia del ADD

Se estima que ADD afecta entre el 3 y el 5 porciento de los niños en edad escolar dentro de los Estados Unidos, o sea, aproximadamente a unos dos millones de niños. Los varones con ADD son significativamente más numerosos que las hembras, probablemente porque muchas veces no se les llega a diagnosticar el trastorno a las mismas. Los varones con el trastorno tienden a ser más hiperactivos, impulsivos y revoltosos que las hembras con ADD, razón por la cual se les diagnostica con más facilidad.

Condiciones relacionadas

Lamentablemente, si un niño o adolescente tiene ADD él o ella es también más propenso a presentar otros problemas de conducta, aprendizaje, o comportamiento social y emocional.

Aproximadamente el 60 por ciento de los niños con ADD que son mayormente hiperactivos o impulsivos, son considerados por sus padres como difíciles de controlar, voluntariosos, empecinados y desafiantes. Muestran un grado tan alto de incumplimiento que se considera que tienen un trastorno adicional, el de la oposición o el desafío (ODD). Estos niños o adolescentes muestran muchas de las características siguientes:

* con frecuencia pierden la paciencia
* con frecuencia discuten con los adultos
* con frecuencia desafían activamente a los adultos o se niegan a cumplir sus peticiones o reglas
* con frecuencia hacen cosas a propósito que molestan a los demás
* con frecuencia culpan a los demás por sus propios errores
* con frecuencia se muestran susceptibles o se molestan fácilmente con los demás
* con frecuencia se enojan o se ofenden
* con frecuencia son rencorosos o vengativos
* con frecuencia maldicen o utilizan palabras obscenas

Hasta un 25 por ciento de los niños con ADD presentan alguna dificultad de aprendizaje. La dificultad de aprendizaje es una deficiencia en uno, o más, de los procesos psicológicos fundamentales que intervienen en la comprensión o en el uso del lenguaje hablado o escrito. Estos problemas son el resultado de impedimentos con el lenguaje, disfunciones perceptivas o trastornos en la forma en que se procesa o se expresa la información en las comunicaciones escritas o verbales. Los estudiantes con dificultades de aprendizaje pueden tener poca facilidad para leer, escribir, o para la ortografía o la aritmética. Los estudios realizados a los niños que tienen ADD y que son mayormente distraídos, indican que tienen más posibilidades de tener problemas de aprendizaje basados en el lenguaje que los que tienen ADD y que son mayormente impulsivos e hiperactivos.

Los niños con ADD también pueden mostrar una serie de problemas sociales. Los niveles de energía de los niños hiperactivos e impulsivos son altos, y al jugar estos niños pueden ser incansables, enérgicos e imprudentes. Su naturaleza impulsiva, capacidad de atención limitada y abundante energía pueden causar problemas en las actividades recreativas estructuradas. Pueden presentar dificultades en los deportes organizados o en otras actividades colectivas tales como el teatro, los trabajos manuales, etc. Suelen surgir problemas en las actividades que requieren que el niño se concentre y se turne con otros niños, y en las que se espera que coopere, siga las reglas y comparta ideas y materiales.

Los niños de edad preescolar que tienen ADD se ven excluídos con frecuencia de los juegos por su agresividad. Debido a su bajo nivel de tolerancia para la frustración terminan por lastimar a los otros niños cuando las cosas no van a su gusto y los padres de los demás niños tienden a buscar compañeros de juego que cooperen más. No es raro que se describan a los niños con ADD, en la edad de la escuela primaria, como dominantes, egoístas e inmaduros en sus relaciones sociales. A veces parecen no tener ningún sentido del roce social. Por este motivo suelen tener más éxito en jugar con niños más jóvenes que ellos, que están más dispuestos a aceptarlos. Muchas veces los adolescentes con ADD son rechazados por sus compañeros si muestran una conducta demasiado descontrolada y temeraria.

Los niños con ADD de tipo predominantemente distraído, pueden confrontar problemas sociales de una índole completamente diferente. Estos niños son por naturaleza más pasivos, tranquilos y menos competitivos que los demás. Cuando se les compara con sus pares hiperactivos, los que pertenecen al tipo distraído, no son impulsivos y tienden más bien a ser poco, en lugar de excesivamente, activos. Obedecen a un ritmo lento, se demoran en completar tareas y pueden entregarse en exceso a la fantasía. Aunque encuentran mayor aceptación entre sus compañeros que los hiperactivos e impulsivos, los distraídos permanecen frecuentemente en la periferia de la vida social. Su naturaleza tranquila y su personalidad algo retraída les impide tomar la iniciativa para trabar muchas amistades.

Capítulo Dos
Causas del trastorno de bajo nivel de atención

Se han presentado numerosas teorías para explicar las causas del trastorno de bajo nivel de atención. Aunque la mayoría se ha visto sometida al escrutinio científico, y unas se aceptaron como meritorias mientras que otras se desecharon, algunas de ellas siguen llamando la atención aunque carecen del sustento de pruebas científicas.

Teorías sin demostrar

La creencia de que la alimentación causa la conducta hiperactiva es buen ejemplo de una teoría no demostrada, pero difícil de eliminar, que ha provocado mucha controversia en los últimos años. El doctor Benjamin Feingold proclamó que los sabores artificiales y los salicilatos naturales que se encuentran en ciertos alimentos producen la hiperactividad en los niños. Le aconsejó a los padres que sometieran a sus hijos hiperactivos a dietas de eliminación para evitar estos ingredientes. Aunque algunos padres informaron de resultados positivos con estas dietas, la teoría de Feingold no está sustentada por una investigación científica rigurosa.

La doctora Doris Rapp y el doctor Lendon Smith también propusieron en sus escritos que la alimentación y las alergias alimenticias juegan un papel significativo en causar la hiperactividad en los niños. A pesar de la gran aceptación de que puedan gozar sus teorías, sus afirmaciones cuentan con muy poca base científica.

Otras teorías presentadas para explicar las causas de la hiperactividad, y que tampoco están demostradas, son los efectos de la luz fluorescente, la desviación de la columna, las infecciones de hongos Candida y los trastornos del oído interno.

9

Posiblemente la más corriente y la más perjudicial de todas las teorías acerca de la etiología del ADD es la que asocia las causas del ADD a problemas vinculados a los métodos de educar a los niños. Desde luego, los métodos utilizados por los padres para educar a su hijo afectarán en alguna medida la conducta y el desarrollo del niño. Sin embargo, aunque el uso de los métodos erróneos en la educación de un niño pueden contribuir a los problemas que presente un niño con ADD, no existen pruebas científicas que indiquen que cause el ADD.

¡Intente esta pregunta!

(P) ¿Qué tienen en común la alimentación, las alergias alimenticias, las infecciones, los trastornos del oído interno y los métodos de educar a los niños?

(R) No causar el ADD

Teoría neurobiológica

La teoría más ampliamente aceptada en relación con la causa del ADD es que se trata de un trastorno neurobiológico heredado. El ADD tiende a estar presente en algunas familias, y es muy común que los niños con ADD tengan un pariente biológico, o más, que padezca el trastorno. Algunas veces, cuando los padres buscan tratamiento para un hijo que sospechan tiene ADD, se dan cuenta que ellos mismos tuvieron síntomas similares cuando eran niños, o que todavía presentan las características del ADD de adultos.

Están surgiendo pruebas que indican que los niños con ADD pudieran tener algún tipo de disfunción en las regiones del cerebro asociadas con el control y la regulación de la atención, el estímulo y la actividad. Los estudios realizados con seres humanos y animales han demostrado que los síntomas de hiperactividad se pueden modificar mediante el uso de químicos que provocan cambios en la manera en que la transmisión de información sensorial se produce dentro del cerebro. Esta información sensorial se envía a millones de distintas células nerviosas dentro del cerebro, llamadas neuronas. Esta información se envía a través de agentes químicos neurotransmisores que se encuentran dentro de los terminales de estas neuronas. Se ha descubierto que los agentes químicos neurotransmisores controlan directamente la conducta, la emoción y el conocimiento en los animales y seres humanos. Una cantidad demasiado alta, o una deficiencia de estos agentes químicos neurotransmisores puede causar un efecto disociador en nuestras emociones y conducta. Al investigar

10

los niveles de varios agentes químicos neurotransmisores en el cerebro (generalmente a través de un análisis de los metabolitos de estos agentes químicos cerebrales) se puede encontrar cierta base para una explicación de la causa del trastorno de bajo nivel de atención. Algunos de los agentes químicos neurotransmisores que pudieran estar involucrados son la dopamina, la norepinefrina y la serotonina. La forma exacta en que cualquiera o todos estos agentes químicos neurotransmisores afectan el desarrollo de los síntomas del ADD sigue siendo un misterio.

En la mayoría de los casos, la causa específica del ADD en un niño en particular es casi siempre imposible de detectar o explicar. En un reducido número de niños, una lesión o disfunción cerebral puede atribuirse a una enfermedad anterior conocida o a un golpe recibido en la cabeza. Algunos niños pueden haber sufrido un daño neurológico como resultado de lesiones prenatales asociadas a las dificultades de la madre durante el embarazo, o el preparto y el parto. Otros pueden sufrir de ADD por ser hijos de madres que abusaron del alcohol o las drogas durante el embarazo. Sin embargo, en la mayoría de los casos de niños con síntomas de trastornos de bajo nivel de atención, no se encuentran evidencias de que hubieran sufrido complicaciones prenatales, enfermedades, lesiones en la cabeza, ni alteraciones del desarrollo.

Capítulo Tres
Cómo diagnosticar a los niños que tienen el trastorno de bajo nivel de atención

Las características principales del ADD no son difíciles de detectar en el hogar o en un aula. Sin embargo, no todos los niños que son hiperactivos, impulsivos o distraídos tienen un trastorno de bajo nivel de atención. Estos mismos síntomas pueden ser el resultado de otros factores tales como la frustración ante las tareas escolares difíciles, la falta de motivación, las preocupaciones emocionales u otras condiciones médicas. Para asegurar que la causa de los problemas del niño sea el trastorno de bajo nivel de atención y no otra condición o circunstancia, es necesario hacer una valoración antes de efectuar el diagnóstico. Para realizar una valoración integral del ADD es necesario recibir información de varios profesionales que trabajen en equipo junto con los padres del niño. Los miembros de este equipo de valoración casi siempre incluyen a médicos, psicólogos y personal escolar, tales como maestros, asesores o especialistas en el aprendizaje.

Aunque no existe ninguna prueba que por sí sola pueda diagnosticar el ADD de una forma válida y segura, sí existen numerosos procedimientos de valoración que juntos pueden proporcionar información valiosa al formular un diagnóstico. Existen coincidencias significativas en los historiales de los niños con ADD y los de sus familias, en: las descripciones del comportamiento de estos niños según las escalas evaluativas de la conducta, la manera en que se desempeñan en la escuela y el ambiente social, así como, hasta cierto punto, los resultados que obtienen en pruebas psicológicas y educacionales específicas, todo lo cual puede contribuir a un diagnóstico preciso.

El diagnóstico anticipado de un niño que se sospeche tenga ADD permite a los padres y maestros intervenir a una edad más temprana en el tratamiento del trastorno. Muchas veces niños de sólo cuatro años de edad pueden ser diagnosticados correctamente. En el pasado, no se solía solicitar una valoración de los niños hasta que no fueran mayores, pero debido al mayor número de niños que asisten a los jardines infantiles, los que presentan problemas de conducta, adaptación o posibles dificultades de aprendizaje, se comenzaron a detectar a una edad más temprana. A medida que aumenta la conciencia de los médicos, maestros y padres en relación con ADD, son más los niños y adolescentes que se evalúan, diagnostican y se someten a tratamiento.

El papel del médico en la valoración

Cuando se presenta un problema médico, la primera persona a quien acuden los padres en busca de ayuda es casi siempre el médico de cabecera del niño, el pediatra o médico de la familia. El médico generalmente conoce la familia y los antecedentes médicos del niño, y tiene conocimientos de él a través de los contactos anteriores en que el niño requirió algún tratamiento.

El médico inicia la valoración recogiendo todos los antecedentes médicos y sociales de los padres y el niño. En este proceso pueden aparecer datos que le indiquen cuándo aparecieron los primeros síntomas, en qué circunstancias y con qué intensidad. El médico le dedicará un tiempo considerable a la revisión de los antecedentes genéticos del niño, los datos sobre sus primeros meses de vida, su desarrollo y sus antecedentes sociales. También pudiera pedirle a los padres y maestros que llenen escalas evaluativas para valorar la conducta del niño en distintos ambientes. Es probable que el médico también realice un examen físico de rutina. Los resultados de estos exámenes físicos a niños sospechados de tener ADD suelen ser normales, pero son necesarios para descartar la posibilidad remota de que exista otra enfermedad o condición médica relacionada que podría manifestarse con síntomas parecidos a los del ADD.

Aunque no existe ninguna prueba de laboratorio específica para diagnosticar el ADD, el médico puede ordenar ciertas pruebas de laboratorio para determinar el estado general de salud del niño. Pruebas tales como estudios de los cromosomas, electroencefalogramas (EEG), imágenes por resonancia magnética (IRM), o tomografías axiales computarizadas (exploraciones TAC) no se utilizan de rutina en las evaluaciones del ADD. Estos procedimientos pueden ser necesarios cuando el examen físico del niño o sus antecedentes médicos sugieran que existe un síndrome genético u otro problema de la salud.

Puede obtenerse información adicional sobre el niño a través de consultas con otros médicos o especialistas. Los psicólogos, psiquiatras y neurólogos adiestrados en la valoración y el tratamiento de trastornos neurobiológicos como el ADD, pueden desempeñar un papel importante en la detección de esta condición, así como en la de otras posibles manifestaciones relacionadas, tales como, los impedimentos del aprendizaje, el síndrome de Tourette, el trastorno generalizado del desarrollo, la depresión, el trastorno-obsesivo compulsivo, el de ansiedad, o el bipolar. Las consultas con estos especialistas pueden proporcionar información vital al médico de cabecera del niño en relación con el diagnóstico y el tratamiento.

¡Recuerde!

Obtener una valoración integral es muy importante.

Un diagnóstico preciso permitirá un tratamiento eficaz del problema.

El papel del psicólogo en la valoración

El psicólogo clínico o escolar está adiestrado para administrar e interpretar pruebas psicológicas y educacionales que pueden proporcionar información importante en relación con la capacidad intelectual del niño, su capacidad de razonamiento, la utilización del lenguaje, la impulsividad, la capacidad de atención, la conducta emocional y el desarrollo perceptivo. Hasta qué punto estas pruebas son necesarias depende de los problemas que experimente el niño.

Si los antecedentes o datos escolares sugieren que el niño pueda tener problemas con el aprendizaje, se recomiendan pruebas para determinar si existe un impedimento del aprendizaje. El psicólogo realiza pruebas para medir el funcionamiento intelectual, el rendimiento académico y las habilidades perceptivas tales como la capacidad visuomotora, la memoria, etc.

A los niños que manifiestan síntomas de problemas emocionales, se les pueden realizar pruebas diseñadas para valorar cómo el niño se ve a sí mismo y a los demás. Con frecuencia se efectúan pruebas que miden el nivel de autoestima, el estrés familiar, la depresión y la ansiedad, para conocer el funcionamiento emocional del niño. Además, el psicólogo pudiera pedirle a los padres que llenen unos cuestionarios para comprender mejor cómo reacciona el niño ante situaciones diferentes.

14

Aunque los sistemas de valoración computarizados, conocidos como pruebas de desempeño continuo, se usan desde hace más de treinta años en los laboratorios que realizan investigaciones sobre los niños hiperactivos, son relativamente nuevos en el arsenal de instrumentos psicométricos que utiliza el clínico para valorar y tratar el ADD. Al obligar al sujeto a responder de manera específica a estímulos generados por computación, estas pruebas proporcionan información sobre medidas tan delicadas como la capacidad de atención del individuo, su tiempo de reacción y su control de sus impulsos. La comparación entre los resultados obtenidos antes y después del tratamiento le permite a los clínicos determinar a qué nivel intervenciones tales como los medicamentos están ayudando a la persona con ADD. Algunas de las pruebas de desempeño continuo computarizadas más populares son:

- Sistema diagnóstico de Gordon
- Pruebas de Variaciones de la Atención (T.O.V.A.)
- Prueba de desempeño continuo de Conners

Además de las pruebas efectuadas directamente al niño, los psicólogos recogen información mediante las entrevistas con el niño y sus padres, las escalas evaluativas de la conducta que los padres y maestros completen con relación al niño y la observación directa de su comportamiento en su ambiente natural, es decir, en la escuela o en el hogar.

Los psicólogos y otros especialistas utilizan las escalas evaluativas de la conducta para valorar el comportamiento del niño en la escuela y en el hogar. Estas escalas brindan información cuantitativa y descriptiva sobre el niño, proporcionando un medio para comparar su conducta con la de otros niños de su sexo y edad. La mayoría de las escalas evaluativas utilizadas para valorar el ADD suministran medidas normalizadas de un número de factores, generalmente relacionados con la capacidad de atención, el autocontrol, la capacidad de aprendizaje, la hiperactividad, la agresividad, la conducta social, la ansiedad, etc. Algunas de las escalas evaluativas más populares utilizadas para valorar el ADD son:

- Escala evaluativa de Conners para maestros (CTRS)
- Escala evaluativa de Conners para padres (CPRS)
- Escala evaluativa integral para maestros ADD-H
- Escala evaluativa ADHD
- Perfil de la atención infantil
- Lista de comprobación de la conducta infantil
- Cuestionario sobre situaciones en el hogar
- Cuestionario sobre situaciones en la escuela
- Escala de valoración del trastorno de bajo nivel de atención
- Escala de clasificación del rendimiento académico (APRS)

La realización de una valoración psicológica del niño, junto con la recopilación de la información obtenida a través de los procedimientos descritos anteriormente, pueden tomar varias horas. Sin embargo, la información que se recibe mediante este proceso es de gran valor para ayudar a los miembros del equipo de valoración a llegar a un diagnóstico y hacer recomendaciones acerca de cuál es el mejor tratamiento para el niño.

El papel de la escuela en la valoración

La escuela desempeña un papel vital en la valoración de los niños y adolescentes sospechados de tener ADD. El personal de la escuela puede observar directamente cómo se comporta el alumno en una situación colectiva y puede comparar su actuación con la de otros niños de su edad. Las escuelas tienen acceso a la información sobre el niño tanto en la actualidad como en el pasado, en relación con su actuación en el aula, sus logros y debilidades académicas, su nivel de atención y otras características sociales, emocionales y conductuales. Las escalas evaluativas de la conducta en la escuela, las entrevistas con los maestros, la revisión de los expedientes acumulativos del estudiante, los análisis de sus resultados en las pruebas y la observación directa del alumno en el aula son los procedimientos normales utilizados para recopilar datos sobre el niño.

Los distritos escolares a lo largo del país comienzan a desarrollar procedimientos normalizados para recopilar información sobre los estudiantes sospechados de tener ADD. Muchas escuelas abordan la valoración de un niño mediante un equipo de estudio, cuyos miembros recopilan los datos y luego hacen recomendaciones a los padres y maestros del alumno en relación con las necesidades educacionales del mismo.

El papel de los padres en la valoración

Los padres del niño proporcionan información sobre el niño a los otros miembros del equipo de valoración. Lo óptimo es que ambos padres formen parte del proceso de valoración. Al haber observado al niño en una gran variedad de situaciones a lo largo de su vida, los padres tienen una perspectiva única sobre el desarrollo anterior y la adaptación actual de su hijo. La información de los padres se obtiene por lo regular a través de entrevistas o cuestionarios llenados por ellos. El objetivo fundamental se centra generalmente en la obtención de información sobre los antecedentes generales de la familia, su estructura actual, así como su funcionamiento, y en la obtención de datos sobre los acontecimientos importantes de los historiales médico, evolutivo, social y académico del niño que sean pertinentes a la valoración del ADD.

El proceso de valoración puede resultar difícil para los padres y el niño desde el punto de vista emotivo. Los padres no traen sólo información objetiva y expedientes a la oficina del médico cuando participan en una valoración. También traen una mezcla de emociones en relación con ellos mismos y su hijo. En el caso de algunos padres, la entrevista inicial con un profesional médico o un maestro, pudiera representar su primer intento de obtener ayuda y pudiera ser la primera vez que hayan hablado a alguien fuera de la familia sobre los problemas de su hijo. Otros padres estarán habituados a discutir estos temas ya que habrán solicitado ayuda anteriormente para su hijo. En ambos casos, es probable que los padres se hayan visto profundamente afectados por los problemas de su hijo y no es raro que muchos sentimientos se expresen durante el proceso de valoración.

El papel del niño en la valoración

Una entrevista con el niño le ofrece al clínico la oportunidad para observar la conducta del mismo y puede revelar información valiosa en cuanto a la adaptación social y emocional del niño, lo que piensa de sí mismo y de los demás, su actitud ante la escuela y otros aspectos de su vida. Esta clase de información puede obtenerse al hacerle entrevistas a fondo al niño y pedirle que llene cuestionarios psicológicos que valoren su adaptación social y emocional.

Por lo general, hasta los niños con ADD se comportan bien durante estas entrevistas. Por lo tanto, lo que se observe sobre su conducta, nivel de actividad, atención o docilidad durante las entrevistas no debe considerarse como típico del niño en otros ambientes. La conducta normal del niño en una situación donde está sólo con otra persona no disminuye las posibilidades de que presente un trastorno de bajo nivel de atención.

El papel del equipo después de la valoración

Una vez que se haya terminado la valoración, los miembros del equipo deben consultarse entre sí para revisar sus hallazgos y formular conclusiones en relación con el diagnóstico y las recomendaciones. Esta información se puede integrar dentro de un sólo informe final, según el marco en que se haya efectuado la valoración, pero lo usual es que cada miembro del equipo entregue un informe por separado con sus hallazgos.

Si se diagnóstica el ADD (y/u otras condiciones), se hará un plan de tratamiento por escrito para todas las áreas que requieran intervención. El médico puede tomar la decisión de recetar medicamentos. El psicólogo u otro profesional de la salud mental, puede recomendar asesoramiento,

17

un plan de modificación de la conducta o un adiestramiento en habilidades sociales y organizativas. La escuela puede o bien recomendar que el maestro tome medidas en el aula para ayudar al niño que presente el ADD o facilitar el acceso a programas especiales si se considera que el niño requiere una educación especial y servicios relacionados en base a la presencia de una condición que lo incapacite.

Si se determina que el niño tiene ADD, la valoración no debe terminar una vez que la evaluación inicial esté concluida. Los miembros del equipo de valoración y tratamiento deben realizar evaluaciones rutinarias posteriores para controlar el progreso del niño. Al ser una condición crónica, el ADD a menudo requiere una atención a largo plazo y un control permanente. Los padres tendrán que coordinar las actividades de los miembros del equipo de tratamiento, a fin de que trabajen en conjunto para mejor provecho del niño. Esta coordinación, ya sea efectuada por los padres o por un profesional, no es algo fácil, pero por lo general el resultado amerita el esfuerzo.

Capítulo Cuatro
El tratamiento de los niños con el trastorno de bajo nivel de atención

Por lo general, para lograr una mayor eficacia en el tratamiento del niño o adolescente con ADD es uno que contemple tratamientos de formas múltiples. Por lo tanto, los profesionales que desempeñaron un papel activo en la valoración pueden llegar a participar también en la implementación del plan de tratamiento. Los cuatro pilares del plan de tratamiento suelen incluir la gestión médica, la planificación educacional, la modificación de la conducta y el asesoramiento psicológico.

- La gestión médica
- La planificación educacional
- La modificación de la conducta
- El asesoramiento psicológico

La gestión médica

En el caso de muchos niños con ADD el programa médico se basa en la administración de medicamentos para controlar los síntomas del trastorno. Aunque muchas personas preferirían alternativas a este tipo de tratamiento, está bien establecido que el uso prudente de ciertos medicamentos para el niño que tiene ADD constituye un componente eficaz del plan de tratamiento en su conjunto. No todos los niños con este trastorno requieren medicamentos para controlar su conducta, o bien porque sus deficiencias de atención son leves y pueden controlarse a través de estrategias de modificación de la conducta, o porque el ambiente que los rodea, tanto en la escuela como en el hogar, puede ajustarse para compensar las deficiencias de atención del niño (por ejemplo, aulas pequeñas, mayor supervisión de parte del maestro, tareas más cortas, etc.). En los casos en que se requiere utilizar medicamentos en el tratamiento de los niños con ADD, los tipos que más se recetan son los psicoestimulantes y los antidepresivos tricíclicos.

Los medicamentos psicoestimulantes

Desde 1937, cuando se dio a conocer el primer informe sobre la eficacia de la Benzedrina en el tratamiento de la hiperactividad, se han utilizado los psicoestimulantes para tratar este trastorno.

Entre los psicoestimulantes más recetados están el metilfenidato (Ritalín), la dextroanfetamina (Dexedrina) y la pemolina (Cylert). Se considera que los psicoestimulantes afectan los agentes químicos neurotransmisores del cuerpo, permitiéndole al niño fijar mejor la atención, controlar la impulsividad, regular la actividad motriz, mejorar la coordinación visuomotora y, en general, mostrar una conducta con más propósito y objetivo. Además, en comparación con los niños con ADD que no reciben medicamentos, los que sí los toman generalmente son menos propensos a hablar demasiado en el aula, responder preguntas abruptamente, molestar a sus compañeros de clase mientras éstos trabajen o mostrar una conducta agresiva. Se considera que aproximadamente el 70% de los niños con ADD que toman medicamentos psicoestimulantes muestra un mejoramiento.

Por lo general, en el caso del niño que toma Ritalín la eficacia del medicamento se puede observar a los treinta minutos de su ingestión. Sin embargo, su efecto sólo dura usualmente entre tres y cinco horas, por lo que se suele requerir que el niño ingiera una segunda y a veces una tercera dosis durante el día. La dosis inicial es normalmente baja, por lo general unos 5 mg., y se aumenta periódicamente en unos 5 mg. hasta que mejoren los síntomas que se desean cambiar. La dosis total diaria normalmente oscila entre los 5 y 60 mg. diarios.

Aún cuando toman las dosis más bajas, algunos niños muestran lo que se llama un "efecto de rebrote", el cual puede producirse a las pocas horas de haber ingerido la última dosis de Ritalín. Este "efecto de rebrote" se produce cuando el cuerpo se ve privado del medicamento y puede hacer que por un tiempo el niño manifieste síntomas más severos de hiperactividad, sensibilidad e irritabilidad que los que se observaron originalmente. Aunque la mayoría de los padres tolera este rebrote de síntomas (no se manifiestan en todos los niños), algunos lo encuentran intolerable y no continúan administrando el medicamento.

También puede obtenerse una forma de acción prolongada del Ritalín (SR-20). La forma SR-20 se considera equivalente a una dosis de 10 mg del Ritalín regular dos veces al día. Es posible que el efecto inicial del Ritalín SR-20 no dé efecto tan rápidamente como el Ritalín regular, pero el efecto que ejerce sobre la conducta dura mucho más, aproximadamente siete horas. Algunos estudios realizados sugieren que para algunos niños el Ritalín en su forma regular pudiera ser más eficaz que la forma SR-20.

La Dexedrina es otro psicoestimulante de mucha eficacia en el tratamiento del ADD. Al igual que el Ritalín, la Dexedrina se presenta en una forma de acción más corta y en spansules de acción más prolongada. Para los niños que tienen dificultad en tragar pastillas, la Dexedrina se presenta también en forma de elixir. Se considera que su potencia duplica la del Ritalín y su dosis normal inicial es de 2.5 a 5 mg. La Dexedrina de acción más corta funciona durante unas 3-4 horas y las spansules duran probablemente unas 8 horas. La Dexedrina también se suministra en dosis divididas, dos a tres veces al día, con una dosis total de entre 2.5 y 40 mg. diarios.

El Cylert, otro psicoestimulante, tiene como ventaja la acción prolongada (puede durar entre 12 y 24 horas) pero la desventaja de demorar entre cuatro y seis semanas para llegar a su nivel máximo de eficacia. El Cylert se administra una vez al día, por las mañanas, generalmente con una dosis inicial de 18.75 a 37.5 mg. diarios, que el médico del niño irá incrementando según se requiera. Los niveles de dosificación del Cylert no se han investigado tanto como los del Ritalín, y es común que la dosificación total oscile entre los 18.75 y 112.5 mg diarios. Se recomienda que el niño que toma Cylert sea sometido a análisis periódicos de las enzimas hepáticas.

El caso que se relata a continuación es típico de muchos casos en los que la medicación desempeñó un papel beneficioso en el plan de tratamiento del niño con ADD.

Juan, un niño de diez años que está en el quinto de primaria, fue referido a su pediatra inicialmente para que se valoraran los problemas académicos y conductuales que presentaba en la escuela. Los padres de Juan le proporcionaron a su médico antecedentes que incluyeron las repetidas dificultades de Juan desde la edad preescolar en relación con el autocontrol, la capacidad de atención y la hiperactividad. La única excepción fue durante una parte del curso de tercer grado (sus padres consideraban que su maestro ese año era muy organizado y consecuente) cuando Juan tuvo un año bastante normal, pero en general, durante los otros años no se adaptó bien a la escuela.

La entrevista con los padres reveló la existencia de antecedentes de hiperactividad en la familia, ya que el padre de Juan y un primo por parte del padre también presentaron problemas similares. Aunque los antecedentes que dieron los padres sobre el desarrollo de Juan no evidenciaron problemas en cuanto a su desarrollo físico, verbal o motriz general, los antecedentes de su conducta en el hogar revelaron que Juan tenía dificultad para concentrar la atención en las tareas escolares (no presentaba ningún problema de atención ante la televisión o los juegos de vídeo), era muy impaciente cuando tenía que esperar su turno en los juegos, se mostraba muy inquieto cuando tenía que esperar en una cola o estar sentado en un restaurante y tenía tendencia a mostrar una conducta impulsiva.

Las escalas evaluativas de la conducta que llenaron los padres y los maestros indicaron niveles significativamente altos de hiperactividad y problemas en cuanto a la capacidad de la atención. Las pruebas psicológicas y educacionales revelaron que Juan tenía una alta capacidad intelectual y no presentaba problemas significativos de tipo emocional. Aunque tenía una capacidad adecuada en los campos de la lectura, la matemática y el lenguaje escrito, tenía ciertas debilidades con respecto al desarrollo perceptivo en los campos de la capacidad visuomotora, la memoria de corta duración y la atención sostenida. Aunque su debilidad en estos campos perceptivos no era suficiente para considerar que tenía una dificultad de aprendizaje, sus debilidades de percepción, atención y conducta habían frenado sustancialmente su desarrollo escolar a través de los años.

Después de realizar las valoraciones médicas, psicológicas y educacionales, el pediatra de Juan decidió comenzar a administrarle Ritalín para controlar los síntomas de hiperactividad y distracción. Juan comenzó a tomar 5 mg. de Ritalín dos veces al día, por la mañana y al mediodía. Una escala evaluativa de conducta que llenó el maestro de Juan al final de la semana se comparó con una que llenó antes del inicio del tratamiento. No se notaron cambios significativos y se aumentó la dosis del medicamento a 10 mg. dos veces al día. Cuando se habló con el maestro de Juan al cabo de una semana, éste dió a conocer mejorías en su capacidad de atención, caligrafía y locuacidad. Juan continuaba mostrando algunos síntomas de exceso de actividad pero su mala conducta era mucho más fácil de controlar a través de un programa de terapia de la conducta implementado por su maestro. No se observaron efectos secundarios notables aunque se les advirtió a los padres de Juan que pudieran aparecer algunos signos de falta de apetito o dificultades en el sueño.

Los padres no observaron manifestaciones significativas de estos efectos secundarios del medicamento. A pesar de que recibió una dosis relativamente baja del medicamento, los síntomas de Juan se trataron eficazmente. Dosificaciones más altas del medicamento pudieran haber mejorado aún más su conducta, pero posiblemente a expensas de su rendimiento escolar y su aprendizaje, por lo cual no estaba indicado un aumento del medicamento. Sin embargo, después de varias semanas, el pediatra de Juan le recetó 20 mg. del Ritalín SR con el objetivo de que Juan sólo tuviera que tomar el medicamento una vez al día.

Las escalas evaluativas de la conducta que se enviaron mensualmente como control al maestro de Juan indicaron que su conducta, capacidad de atención y actuación en el aula se habían estabilizado. Gracias al asesoramiento y a su asistencia a un grupo de apoyo del ADD, los padres de Juan pudieron conocer mejor los problemas de su hijo y brindarle mayor comprensión. La presión que sufrían todos disminuyó, incluso para el propio Juan, y él y su familia se llevaron mejor en el hogar.

Como sugiere el caso que se relata anteriormente, el uso de medicamentos psicoestimulantes como el Ritalín, la Dexedrina o el Cylert, puede producir efectos secundarios. Los efectos secundarios más corrientes pueden incluir disminución del apetito, al igual que trastornos del sueño y, a un nivel sustancialmente menor, irritabilidad, náusea, dolores de cabeza y constipación. Los estudios realizados han demostrado que el uso prolongado del Ritalín, de dos a cuatro años, en dosis de 40 mg. o más al día, pudieran afectar el aumento de peso del niño, y a un nivel muy bajo, pudiera tener un efecto temporal sobre el crecimiento. No se han reportado cambios en la producción de la hormona humana del crecimiento (HGH) debido al tratamiento con psicoestimulantes. Algunos trastornos del movimiento, tales como los tics benignos o, en los casos más serios, el síndrome de Tourette (un trastorno de tic más crónico) pueden aparecer en un porcentaje muy pequeño de los niños tratados con psicoestimulantes, pero aún se desconoce si el uso de psicoestimulantes está vinculado con la aparición de los tics. En los casos en que se comience a observar la presencia de un tic en un niño que esté tomando medicamentos psicoestimulantes, los padres deben consultar al médico del niño, ya que pudiera ser aconsejable reducir la dosificación del medicamento o descontinuarlo por completo.

Los antidepresivos tricíclicos

Los antidepresivos tricíclicos, tales como la imipramina (Tofranil) y la desipramina (Norpramina) también son recetados para el tratamiento del ADD. La mayoría de los estudios sugiere que en general, los psicoestimulantes tienden a ser superiores a los tricíclicos en cuanto al control de los síntomas del ADD, sin embargo, pudiera existir un grupo de niños con ADD, en particular aquellos que presenten síntomas de ansiedad y depresión, que respondan mejor a estos medicamentos. Los efectos del Tofranil y la Norpramina son duraderos (generalmente entre 12 y 24 horas) y la dosificación se inicia usualmente por la noche con 10 mg. para los niños que pesen menos de 50 libras y con 25 mg. para los niños que pesen más de 50 libras. Se pueden administrar cantidades mayores, en dosificaciones divididas a lo largo del día, según lo recetado por el médico del niño. Los efectos secundarios que se producen con este grupo de antidepresivos incluyen sequedad en la boca, disminución del apetito, dolores de cabeza, dolores de estómago, mareos, constipación y taquicardia leve. Los médicos pueden mandar electrocardiogramas de base al niño antes de recetar estos medicamentos ya que pudieran tener algún efecto sobre la conducción cardíaca.

Otros medicamentos

La clonidina (Catapress) es un medicamento antihipertensivo que ha mostrado su utilidad en ayudar a los niños con ADD que presenten tics y/o una hiperactividad o agresividad severa. La clonidina viene en tabletas y en forma de parche. Cuando se utiliza en forma de tableta el médico comienza normalmente con una dosificación diaria de .025 a .05 mg por las noches. Esta dosificación puede aumentarse cada tantos días según se requiera, administrándose una dosis dividida 3 o 4 veces al día. La ventaja del parche de clonidina es que funciona durante varios días mientras que el medicamento pasa gradualmente a la sangre. El efecto secundario más común de la clonidina es la somnolencia, la cual puede reducirse evitando inicialmente el uso de una dosis durante el día y administrando el medicamento por la noche. Otros efectos secundarios incluyen hipotensión, dolores de cabeza, mareos, dolores de estómago, náusea, sequedad en la boca y, con el parche, reacciones dermatológicas localizadas. La descontinuación del uso de la clonidina en forma repentina pudiera provocar una hipotensión intensificada.

La decisión de administrar medicamentos

Los padres de los niños que tienen ADD deben decidir ellos mismos si desean administrarle medicamentos a su hijo. Casi siempre cuando tomamos medicamentos es con el fin de curar un padecimiento. El ADD no tiene cura médica conocida. Al igual que otros trastornos infantiles, tales como el asma o la diabetes, lo más que puede hacer el medicamento es aliviar los síntomas básicos del trastorno, en este caso la impulsividad, la distracción y algunas veces, la hiperactividad. Ni siquiera estamos muy seguros de que la disminución de estos síntomas tenga a largo plazo un efecto positivo y sustancial sobre el aprendizaje, a pesar de que el sentido común nos sugiere, y algunos estudios tienden a confirmarlo, que la medicación pudiera facilitar el aprendizaje de alguna manera indirecta.

Si los medicamentos no se administran sólo para mejorar el aprendizaje, ¿para qué sirven? Mayormente para la conducta. La conducta en el aula, la conducta en el medio social y la conducta en el hogar. Los padres tienen que decidir si la mejoría en la conducta (y con ello la posibilidad de una mejoría en el rendimiento académico) es incentivo suficiente para que su hijo tome medicamentos. Es natural esperar que los padres sean cautelosos al tomar esta decisión para sus hijos y con frecuencia hemos encontrado padres que se oponen totalmente a la idea. Sin embargo, en la mayoría de los casos hemos encontrado que los padres que le administran los medicamentos del ADD a sus hijos están satisfechos con los resultados. En muchos casos los padres que en un inicio mostraron una renuencia extrema terminaron por estar a favor de la utilización de los medicamentos. No obstante, algunos padres han tenido experiencias negativas con los mismos. Por lo general son casos en los cuales el medicamento no tuvo eficacia en el tratamiento del trastorno o bien el niño tuvo una reacción adversa a raíz de los efectos secundarios del medicamento.

¿Medicamentos?
Ritalín
Dexedrina
Cylert
Norpramina
Catapress
¡Todos pueden ayudar a los niños con ADD en la escuela y en el hogar!

Los padres que estén considerando la posibilidad de utilizar medicamentos para tratar a su hijo deben tomar su decisión después de estar bien informados, y deben discutir a fondo sus preocupaciones con el médico de su hijo. Si deciden proseguir y probar el medicamento, las próximas preguntas que deberán hacerse son: ¿qué cantidad? ¿con qué frecuencia? y ¿por cuánto tiempo debe administrarse el medicamento? Como se analizaba anteriormente, la pregunta sobre la cantidad de medicamento requerido dependerá en parte de la reacción del niño ante dosificaciones específicas. No conocemos variantes que permitan predecir una dosificación óptima de ninguno de los medicamentos que hemos analizado anteriormente. La frecuencia con que se administre un medicamento (sólo para la escuela, después de la escuela, o incluyendo los fines de semana) dependerá de los objetivos y propósitos de los padres y del médico al aplicar el tratamiento. Algunos niños necesitarán el medicamento durante todo el día y la noche, y los médicos estarán a favor de su utilización después de la escuela y también durante los fines de semana. Para otros niños será suficiente tomar el medicamento sólo durante las horas escolares. No existen evidencias que indiquen que los niños que tomen medicamentos durante los siete días de la semana, o durante las horas que permanezcan en la escuela y después, estén más expuestos al riesgo de tener problemas de salud que aquellos que sólo los tomen durante los días de semana o durante las horas que estén en la escuela. La pregunta de cuánto tiempo deberá utilizarse el medicamento durante la vida del niño dependerá de los problemas que presente el niño o adolescente a medida que vaya creciendo. Cómo se verá más adelante, en el capítulo 7, los síntomas de algunos niños disminuyen a medida que se van desarrollando y, por lo tanto, requieren menos o ninguna medicación al crecer. En el caso de otros niños con ADD, el trastorno continúa manifestándose durante la adolescencia y la edad adulta. Para este grupo, el medicamento pudiera ser útil durante muchos años.

La gestión educativa y conductual

Quizás la preocupación que expresen con más frecuencia los padres de los niños con ADD sea la relacionada con el rendimiento escolar del niño. Los niños que tienen ADD generalmente presentan serios problemas en la escuela. Los informes diarios sobre un rendimiento escolar pobre provocan frustración y desaliento tanto en los niños con ADD como en sus padres. La conducta típica del niño con ADD en la escuela, según la describen los maestros, es la siguiente:

- no termina lo que empieza
- le cuesta trabajo prestar atención
- se mueve constantemente
- habla demasiado y cuando no le corresponde

- no se mantiene organizado
- no puede estar sentado tranquilo, es inquieto o hiperactivo
- es impulsivo o actúa sin pensar
- con frecuencia actúa antes de pensar
- sueña despierto en forma excesiva

Por mucho tiempo nadie parecía tener las respuestas sobre cómo ayudar a los alumnos con ADD en la escuela. La mayoría de los maestros no sabían qué hacer con estos niños distraídos e hiperactivos que consumían gran parte del día por su mala conducta y su trabajo escolar aún peor. Como grupo, los educadores recibían poco adiestramiento en relación con el ADD antes de graduarse, y probablemente recibían poco o ningún adiestramiento interno que estuviera relacionado con ADD durante toda su carrera como maestros. Aunque existen numerosos libros para los educadores sobre cómo controlar a los niños con ADD en el aula, la mayoría de estos libros se publicaron en los últimos años, de modo que los maestros tuvieron muy pocas fuentes de ayuda a su alcance. Dado que cada aula tenía un promedio de uno o dos niños con ADD, y los maestros no sabían cómo comunicarse con ellos, estos niños se enfrentaban a serios problemas, y sus padres y maestros lo sabían.

La razón por la cual tan pocos educadores estaban informados acerca del ADD se debía a que hasta hace muy poco, en las escuelas públicas de los Estados Unidos, no se consideraba al ADD como una condición impeditiva. No se hacían referencias al ADD ni en la Ley sobre la Educación de los Impedidos (Education of the Handicapped Act – EHA; PL 94-142) ni en su forma revisada, la Ley sobre la Educación de los Individuos con Impedimentos (Individuals with Disabilities Education Act - IDEA; PL 101-476). No se consideraba al ADD, por sí mismo, como una condición impeditiva, a pesar del hecho de que muchos niños con ADD confrontaban numerosos problemas en la escuela.

Los grupos de apoyo de padres abogaron a favor de un cambio en la ley federal, a fin de que se suministraran a las escuelas del país los servicios educacionales necesarios para los niños con ADD. Como resultado, el Departamento de Educación de los EE.UU. emitió un memorándum en 1991 instruyendo a todos los departamentos estatales de educación a reconocer las necesidades de los niños con ADD en la educación regular y especial. En su memorándum el departamento insta a los estados a que cumplan los requerimientos de la Sección 504 de la Ley de Rehabilitación de 1973 y de la IDEA tomando medidas para asegurar que los niños con ADD reciban una educación gratuita y adecuada. En el caso de la mayoría de los niños con ADD, esto se podía lograr haciendo adaptaciones dentro de las aulas de educación regular, de modo que el estilo de enseñanza del maestro se ajustara a las necesidades de aprendizaje del alumno. También se facilitaron programas de educación especial y servicios relacionados para aquellos alumnos con ADD que necesitaran programas más intensivos que los que se podían obtener en un aula regular.

Se estima que el ochenta por ciento de los alumnos con ADD pueden ser enseñados adecuadamente en las aulas de educación regular siempre que los maestros estén dispuestos a realizar las adaptaciones que se requieran en la escuela de acuerdo con las necesidades del niño. Las adaptaciones se refieren a los ajustes que un maestro hace en su aula para adaptarla a las necesidades únicas de aprendizaje o desempeño del niño. Por ejemplo, un niño con una capacidad de atención limitada puede mejorar con una supervisión más estrecha por parte del maestro, un refuerzo positivo más frecuente para que continúe en una labor, tareas más cortas, el privilegio de sentarse cerca del maestro, etc. Las dificultades organizativas las puede reducir el maestro dándole recordatorios al alumno con ADD sobre los trabajos y materiales que deben llevarse y traerse a la escuela, entregándole carpetas especialmente marcadas donde pueda guardar los diferentes tipos de trabajos, nombrando un compañero de estudio que lo ayude a seguir con su trabajo en la escuela, etc.

En el caso de algunos niños con ADD, los programas de modificación de la conducta pueden ayudarlos a mejorar su desempeño en la escuela. El objetivo de la modificación de la conducta es generalmente incrementar su constancia en una labor, mejorar su cumplimiento de las instrucciones del maestro, conseguir que hable menos, lograr que sea más ordenado y organizado, alentarlo a terminar sus trabajos de clase, etc. Los programas de modificación de la conducta generalmente utilizan procedimientos precisos en el momento que el maestro del niño incorpora a la clase para influir sobre la conducta del mismo. Técnicas como el refuerzo positivo social (una felicitación, sonrisa u otra señal de aprobación), o una reacción en la forma de un sistema de acumulación de puntos o programas de distintivos por el rendimiento académico, todas han tenido éxito en lograr que el niño con ADD mejore su conducta y su nivel de atención en el aula. Los programas de modificación de la conducta de respuesta y costo también han contribuido a reducir el comportamiento negativo en el aula. En un sistema de respuesta y costo el niño es "multado" por una conducta inadecuada, y también recibe un premio cuando tiene una conducta adecuada. Esta "multa" pudiera ser la pérdida de puntos, distintivos, tiempo de recreo, etc. Los programas de respuesta y costo, junto con los programas de modificación de la conducta más positivamente orientados, han resultado útiles para controlar la conducta del niño con ADD en el aula.

El uso de los métodos de modificación de la conducta en el aula generalmente implica un esfuerzo conjunto entre el hogar del niño y la escuela, en donde se aspira controlar y cambiar varias conductas específicas. Entre estas se pueden incluir: prestar atención, terminar las tareas de clase, cooperar con los compañeros del aula, levantar la mano antes de hablar, ser ordenado en los trabajos, etc. Por lo regular, el maestro verifica las conductas específicas que se desean cambiar y registra el comportamiento del niño de la manera que se haya especificado en una tarjeta para que los padres la revisen más tarde ese mismo día. Los padres, a su vez, aplicarán medidas positivas o negativas al niño en base a su comportamiento durante el día o la semana. Para más información remítase al Programa de la Tarjeta de Metas en el Capítulo 6.

Los programas de modificación de la conducta son muy populares entre los maestros debido a su flexibilidad, sencillez y facilidad de implementación. Generalmente, estos programas pueden resultar muy útiles en modificar la conducta de un niño, siempre que los padres y el maestro trabajen juntos y sigan el programa de forma constante. Una revisión de los principios de la modificación de la conducta, así como una explicación de los recursos específicos que los padres y maestros pueden utilizar en el control de la conducta inadecuada, se analizan en capítulos posteriores junto con otras intervenciones que pueden ayudar a los niños y adolescentes con ADD en la escuela primaria y secundaria.

La gestión psicológica

Para muchos niños con ADD y sus familiares, el asesoramiento psicológico forma parte esencial del plan de tratamiento. En el momento en que la familia llegue a someter al niño a un proceso de valoración y diagnóstico, es muy probable que ya haya sufrido un estrés considerable tratando de controlar las dificultades de conducta o de aprendizaje que presenta el trastorno. En la mayoría de las familias este estrés generalmente conduce a una confusión y controversia entre los miembros de la familia sobre el mejor método para manejar la conducta del niño. La madre, que tiende a estar con el niño más tiempo, se frustra mucho más tratando de lograr que su hijo escuche. Es bien conocido que el niño hiperactivo es más obediente ante las instrucciones de su padre. Las relaciones entre hermanos son generalmente más difíciles ya que la rivalidad normal entre ellos se exagera debido a que estos niños son con frecuencia dominantes, impacientes y temperamentales".

¿Es suficiente el medicamento?
Para tratar el ADD es raramente suficiente utilizar sólo medicamentos. Muchos niños con ADD pudieran beneficiarse con asesoramiento y ayuda adicional en la escuela.

28

La educación de los padres en cuanto al ADD y los problemas relacionados, es una parte importante del proceso de asesoramiento. Los padres deben hacer todo lo posible por informarse sobre cualquier trastorno que afecte a su hijo. La comprensión generalmente disminuye las frustraciones y preocupaciones que con frecuencia desaniman a los padres. La educación en relación con el ADD le permite a los padres adquirir los conocimientos necesarios para ayudar mejor a su hijo. Los asesores pueden educar a los padres sobre temas de disciplina, la comunicación entre padres e hijos, la programación escolar, la defensa de los derechos de sus hijos, el uso de medicamentos, etc. Generalmente, los asesores alientan a los padres para que asistan a las reuniones de los grupos de apoyo, donde pueden compartir sus experiencias sobre la educación de un niño o adolescente con ADD con otros padres que están pasando por los mismos problemas. En estas reuniones, los padres encontrarán a disposición suya y de su hijo, un surtido bastante amplio de libros, cintas de audio y de vídeo, conferencias, boletines y artículos de revistas. Uno de estos grupos es CH.A.D.D., Niños y Adultos con el Trastorno de Bajo Nivel de Atención, cuya sede está en Plantation, Florida. CH.A.D.D. tiene más de 500 delegaciones en todo el país que celebran reuniones de grupos de apoyo todos los meses para brindar información a padres, educadores, profesionales de la salud y adultos con ADD.

El niño hiperactivo también puede beneficiarse de un asesoramiento que lo apoye y lo ayude a reparar su autoestima lesionada, superar sentimientos de desmoralización o depresión, aprender patrones de conducta más eficaces para la resolución de problemas o bien, comprender mejor su propio comportamiento. Es esencial que los padres y profesionales trabajen juntos en el proceso de asesoramiento para descubrir los campos en los que su hijo puede sobresalir. El doctor Robert Brooks, un psicólogo que estudia la autoestima en los niños, se refiere a estos campos como las "islas de capacidad" del niño, y en sus conferencias y escritos destaca el papel importante que desempeñan los padres, maestros y asesores en la identificación de los puntos fuertes del niño y en el fortalecimiento de su autoestima basado en los mismos.

En resumen, el tratamiento del ADD requiere intervenciones de formas múltiples. Los niños y adolescentes con este trastorno recibirán más ayuda cuando los padres utilicen un método coordinado de tratamiento que incluya aspectos de las disciplinas médicas, educacionales, conductuales y psicológicas.

Capítulo Cinco
Recursos útiles para padres de niños con el trastorno de bajo nivel de atención

La convivencia con un niño que tiene ADD

La mayoría de los padres de niños con ADD confrontan un reto a diario en el control de la conducta de su hijo. Es interesante notar que estos padres, como grupo, relatan experiencias muy similares en relación con la educación de sus hijos.

Dentro del hogar, la mayoría de los niños con ADD que son hiperactivos tienen dificultad para cumplir las instrucciones de sus padres. Se frustran con facilidad, interrumpen las conversaciones con frecuencia y suelen tener conflictos con sus hermanos. Su poca tolerancia ante la frustración, su estilo de dar respuestas impulsivas y su actitud más bien exigente, pueden crear problemas con los amigos quienes los considerarán dominantes e irritables.

Los niños con ADD que son mayormente distraídos, en lugar de hiperactivos e impulsivos, desesperan a sus padres, no tanto por lo que hacen sino más bien por lo que no hacen. En este caso, los padres luchan con tareas no terminadas, deberes olvidados, la lentitud y una desorganización crónica. Con frecuencia se los describe como pasivos y tímidos en sus relaciones, y pudieran necesitar aliciente constante para hacer amistades.

ADD pone a prueba los límites de paciencia de la mayoría de los padres, y fácilmente puede causar tensiones matrimoniales y familiares. En algunas familias, la madre y el padre manifiestan diferencias significativas en la manera de abordar el manejo de su hijo con ADD, creando tensión entre ellos y confusión en el niño. Lamentablemente, no existen respuestas sencillas para la educación de estos niños, ni métodos mágicos que sean de una eficacia constante en el control de su conducta. Sí tenemos, sin embargo, algunos consejos útiles para la educación infantil que pudieran ayudarlo a encaminar bien a su hijo.

¡No se desanime!
Educar a un niño con ADD puede ser muy difícil. Pero tenemos algunas ideas que le pueden resultar verdaderamente útiles. Conozca los límites de su hijo, infórmese sobre la modificación de la conducta y únase a un grupo de apoyo de ADD. ¡Es bueno saber que usted no está sólo!

Más adelante en este capítulo analizaremos los principios básicos de la modificación de la conducta y algunos recursos específicos para controlar la conducta inadecuada. No obstante, pudiera ser de interés echar una ojeada a lo que los estudios de investigación han encontrado en relación con el comportamiento de los padres en los hogares de niños con ADD.

Varios estudios sobre las familias de estos niños indican que los niños se portan notablemente mejor cuando están en compañía del padre en vez de con la madre. El hecho de que se comporten mejor con los padres que con las madres pudiera deberse al descubrimiento que los padres tienden a aplicarle al niño las consecuencias de su conducta de forma más inmediata, y tienen reacciones más punitivas a la conducta impropia que las que suelen tener las madres.

Otros estudios han demostrado que, en general, los padres de los niños con ADD tienden a utilizar más la disciplina punitiva. Gritan más, y están más en desacuerdo entre sí sobre cómo tratar a sus hijos que los padres de niños que no son hiperactivos. No sería difícil llegar a la conclusión de que los padres de niños con ADD poseen menos destreza en educar a sus hijos y que esto pudiera contribuir a los problemas de conducta del niño. Sin embargo, cuando los niños hiperactivos que recibían tratamiento con medicamentos, tuvieron mejor conducta en el hogar y en la escuela, también se observó un notable cambio favorable en la conducta de los padres, que se volvieron menos punitivos, coercitivos y negativos en sus tratos con los niños. Por lo tanto, la falta de destreza de los padres en educar a sus hijos no es necesariamente la causa de la mala conducta de los niños con ADD. Lo más probable es que la hiperactividad de los niños, su impulsividad y falta de atención provocan las peores reacciones en los padres.

Antes de pasar a analizar los principios generales de la modificación de la conducta y algunas técnicas específicas de educar a los niños que pudieran serle útiles en controlar la conducta de su hijo, sería bueno abordar primero el tema de la reacción suya ante el hecho de que su hijo tiene, o pudiera tener, un trastorno de bajo nivel de atención. Para relacionarse de una manera efectiva con un niño con ADD, un padre necesita aceptarlo con su problema. Aceptar al niño con ADD significa reconocer el trastorno y comprender los efectos que esa alteración tiene sobre la conducta y la adaptación del niño en el hogar, la escuela y en situaciones sociales. A algunos padres les es difícil aceptar el diagnóstico de ADD.

Cómo reaccionar ante el diagnóstico

Por lo regular, los padres reaccionan al diagnóstico de ADD en una de las tres formas siguientes: lo niegan, se resignan a soportarlo o lo aceptan.

Los padres que lo niegan

Los padres que lo niegan generalmente reaccionan al diagnóstico de ADD con dudas, desconfianza y algunas veces, con cólera. Les resulta muy difícil aceptar el hecho de que su hijo pudiera presentar alguna anomalía, y buscan otras razones para explicar los problemas que confronta el niño. Pudieran restarle importancia a la gravedad del problema: "Es sólo un niño". O pudieran atribuir las causas del problema a algún factor externo: "Es culpa de la escuela".

Los padres que asumen la posición de negarlo tratan de demostrarle a los demás, así como a ellos mismos, que su hijo no tiene realmente nada. Esto pudiera crear tensión para todos en la familia. No modifican sus expectativas con relación al niño, no se aplica un tratamiento al trastorno y el niño sigue presentando problemas. Algunas veces los padres que asumen esta posición de negar el diagnóstico presionan más al niño para que mejore en el hogar o en la escuela, y así demostrar que en realidad el mismo no presenta ningún problema. Al no poder estar a la altura de las crecientes expectativas de los padres que niegan su condición, el niño puede frustrarse, volverse resentido y desafiante, así como desanimado, desmoralizado y ansioso, todo lo cual disminuirá su autoestima y provocará por lo regular, una conducta menos apropiada. Los padres que asumen esta posición negativa reaccionan a su vez con más frustración y cólera, aceptando aún menos los problemas del niño. Este ciclo vicioso de fracaso y derrota puede lanzar al niño y a los padres hacia un abismo de desesperación.

Toma tiempo para que un padre o una madre supere la negación. Como casi todo en la vida, debemos estar preparados emocionalmente antes de poder actuar frente a los problemas. Los padres que asumen la actitud de negación deben tratar de mantener la mente abierta hacia los problemas que presenta su hijo. Deben leer toda la información que puedan sobre el ADD, asistir a las reuniones de grupos de apoyo, hablar con otros padres de niños con ADD y obtener opiniones adicionales de otros expertos sobre su hijo.

Los padres que se resignan a soportarlo

Los padres que se resignan a soportarlo sólo aceptan a medias el diagnóstico de ADD de su hijo. Estos padres tienden a oscilar entre la negación y la aceptación, dudando internamente de la capacidad de su hijo para controlar su conducta. Los padres que adoptan esta actitud toleran la conducta impropia de su hijo hasta un punto, pero con frecuencia esta tolerancia disminuye y niegan temporalmente el hecho de que muchos de los síntomas básicos del trastorno simplemente no están bajo el control voluntario del niño. Esto conduce en ocasiones a que los padres demuestren una conducta agresiva o demasiado coercitiva, así como a que subestimen la naturaleza del trastorno de bajo nivel de atención, atribuyéndole al niño un autocontrol mayor que el que existe en realidad. En esos momentos, las explosiones de agresividad de los padres están seguidas generalmente por un sentimiento de culpa y un acercamiento momentáneo hacia una posición de mayor aceptación del niño con sus problemas.

Por lo tanto, en el caso de los padres resignados, existe una oscilación entre la negación y la aceptación, que generalmente resulta en una disciplina inestable. Los padres que asumen esta posición fluctúan entre el miedo a disciplinar al niño con demasiada severidad y el miedo a elogiarlo con demasiada facilidad (debido a su inseguridad en cuanto a qué pueden esperar del niño). Con frecuencia el niño se siente confuso en cuanto a qué puede esperar de sus padres, y puesto que ellos mismos están inseguros en relación con su control sobre el niño, éste tendrá la tendencia a dominar más a la familia.

Los padres que lo aceptan

Los padres que lo aceptan generalmente reciben el diagnóstico de ADD con algún temor, además de un sentido de alivio. Estos padres, al igual que los otros padres que mencionamos anteriormente, siempre han intuido que algo no andaba bien con su hijo pero no estaban seguros de qué era. A diferencia de los padres en negación, el diagnóstico de ADD para los padres que lo aceptan significa un alivio de la presión. Uno de estos padres nos escribió:

"Después de muchas, muchas pruebas, médicos, conferencias de maestros y años de tiempo perdido, así como fracasos y lágrimas, se diagnosticó finalmente que Jeff tenía un trastorno de bajo nivel de atención. No nos resultó fácil hallar la respuesta, pero la alegría que sentimos al saber que finalmente habíamos encontrado una, fue enorme. Ahora, tenemos que enfrentar su solución."

33

Los padres que aceptan el problema "enfrentan su solución" buscando más información sobre el trastorno. Observan a su hijo para encontrar síntomas que confirmen la presencia del trastorno y confían en que un diagnóstico preciso conducirá a un tratamiento eficaz. Los padres que asumen la posición de aceptación, ven a su hijo como alguien que tiene un problema, y no como alguien que es un problema.

La aceptación del niño con ADD por parte de sus padres evita una lucha por el poder entre padres e hijo. En vez de irse enredando en una lucha adversa con el niño, los padres que lo aceptan se convierten en los abogados de su hijo. Los padres que asumen una actitud de aceptación respetan la índole de los trastornos de atención de su hijo y las dificultades de comportamiento que van asociadas, y aprenden a seguir los planes de tratamiento aprobados para controlar la alteración. Los padres que aceptan comprenden la elasticidad de los síntomas básicos del ADD, y están por lo tanto, mejor preparados para enfrentar los altibajos que experimentará su hijo a lo largo de los años. A través de su aceptación los padres llegarán a comprender que estos altibajos son normales y que deben esperarlos. Junto con la comprensión y aceptación del trastorno por parte de los padres surgirá una actitud más positiva hacia el niño y hacia ellos mismos.

Factores que afectan la conducta infantil

La conducta de un niño puede ser el resultado de múltiples factores. El temperamento y las capacidades congénitas, la edad y la etapa de desarrollo, los valores transmitidos por los padres, los métodos de disciplina utilizados por éstos y la adaptación emocional del niño pueden desempeñar un papel fundamental en determinar cómo éste se conduce e interactúa con los demás. Para controlar eficazmente la conducta de un niño, primero debemos tratar de comprender los factores que lo afectan y lo hacen comportarse de esa manera.

El temperamento y las capacidades congénitas

La mayoría de los padres estarían de acuerdo con la opinión de que los niños nacen con su propio temperamento único. Desde el principio, algunos niños son caprichosos, exigentes, voluntariosos e independientes, mientras que otros muestran un carácter más complaciente que se manifiesta sonriendo, arrullando y dejándose cuidar por sus padres de buen humor. Los niños con temperamentos "difíciles" son más propensos a reaccionar con agresividad ante la frustración, suelen ser rebeldes y se resisten más a seguir las instrucciones que les den sus padres o maestros. En general, por mucho que sus padres traten de moldear su conducta, estos niños continuarán siendo voluntariosos. El temperamento es un rasgo muy elástico en un niño y puede moldear la personalidad del individuo para toda la vida.

Obviamente, desde que nacen los niños también presentan variaciones en cuanto a sus capacidades. La inteligencia, la coordinación entre el ojo y la mano, la memoria, la adaptación social, la agudeza, etc., se desarrollan de forma diferente en los niños, basado en parte, en los genes con que nacen y en otros factores relacionados al desarrollo neurológico. Por ejemplo, muchos niños con ADD nacen con una capacidad disminuida para regular su actividad motriz, controlar sus impulsos y fijar la atención (entre otras cosas). Los niños con dificultades de aprendizaje carecen de habilidades verbales y/o perceptivas apropiadas para su edad, lo cual afecta su capacidad para un buen rendimiento en la escuela.

La conducta de los niños puede verse influenciada de manera considerable por factores relacionados con el temperamento o las capacidades congénitas. Los niños con ADD son un ejemplo primordial de este hecho.

La edad y la etapa de desarrollo

La conducta se puede explicar en base a la edad del niño y la etapa de desarrollo en que se encuentre. Todos los niños pequeños son hasta cierto punto distraídos, impulsivos e hiperactivos. Estas características forman parte de su desarrollo normal. A los niños les es difícil fijar la atención por un tiempo significativo antes de cumplir los dos años, y son más propensos a cambiar muy rápido de una actividad a otra. Esperamos que se comporten de una manera impulsiva, impaciente e inquieta. Sin embargo, a medida que van creciendo, su capacidad para fijar la atención y regular su actividad motriz debe mejorar.

Esperamos que el párvulo que atraviesa la etapa de los "terribles dos años" se rebele ante la autoridad cuando comienza a explorar el mundo. Toleramos al joven adolescente que se rebela contra las restricciones de sus padres en un esfuerzo para ser más independiente y forjar su propia identidad. La etapa particular de desarrollo en que se encuentre un niño puede explicar mucho acerca de su conducta.

Los valores de los padres

Los niños imitan los valores y creencias de sus padres y con frecuencia expresan estos valores y creencias a través de su conducta. Los valores de los padres sirven de fundamento para la manera en que el niño aprende a relacionarse con los demás y quizás más que cualquier otro factor, moldean su comportamiento.

Los padres que valoren la honradez, la integridad, la responsabilidad, la cortesía social, etc., son más propensos a tener hijos que también reflejan estos valores. Por otro lado, los padres que muestran conductas y valores inadecuados se encontrarán probablemente con que sus hijos aprenderán a comportarse de la misma manera.

El estilo en el manejo de la conducta

El estilo con el que los padres manejen la conducta de su hijo está estrechamente vinculado a sus propios valores y a sus expectativas de su hijo. Algunos padres esperan mucho de su hijo y tienen expectativas muy altas. Pudieran optar por controlar la conducta de su hijo estableciendo reglas estrictas y aplicándolas con rigor. Otros padres pueden tener un estilo más flexible de control, permitiendo un margen mayor cuando establecen las expectativas y normas de conducta. En algunos hogares nadie parece tener el mando porque las reglas son ambiguas, no se aplican con firmeza, y el niño y los padres parecen estar al mismo nivel. En cierta medida, el estilo que utilicen los padres al educar a sus hijos variará con cada niño en la familia ya que algunos necesitan más supervisión y control que otros.

Los padres que son impacientes ellos mismos, que tienen reacciones exageradas, actúan de una manera inconsecuente o son excesivamente exigentes al tratar a su hijo, pueden provocar una mala conducta en el mismo al ser incapaces de responder al niño de una manera más alentadora y positiva. Los padres que sean demasiado agresivos o coercitivos pueden hacer que sus hijos reaccionen con igual agresividad y desobediencia. La falta de una adecuada atención y supervisión del niño por parte de los padres, o una actitud paternal demasiado permisiva hacia su educación, también pueden ocasionar problemas de conducta.

La comprensión de los límites apropiados y de cómo se deben aplicar en la educación de un niño a veces resulta confusa. Tener un hijo con ADD puede confundir a los padres todavía más. Se hace más difícil distinguir qué aspectos de la conducta del niño están fuera de sus posibilidades de control y cuáles son deliberados. Los padres actuarán de una manera diferente según como evalúen la mala conducta, es decir, si fue o no intencional. Obviamente, aquí no hay respuestas fáciles y los padres deben apoyarse en su propio conocimiento del niño para tomar las decisiones óptimas en relación con la disciplina.

El estrés y los factores emocionales

Nuestra conducta suele estar vinculada estrechamente a nuestras emociones. Las sensaciones de bienestar, confianza y felicidad están generalmente asociadas a una conducta positiva. El sentirse satisfecho con sí mismo, y con los demás, hace que las mejores cualidades de un niño salgan a relucir. Lamentablemente, la insatisfacción puede provocar exactamente lo opuesto. El estrés, independientemente de sus orígenes, puede desencadenar la ansiedad y la preocupación en los niños, estados que casi siempre se manifestarán en su comportamiento. El estrés en el hogar – por ejemplo, los conflictos maritales entre los padres, una enfermedad en la familia, las preocupaciones financieras, la depresión adulta – puede afectar significativamente la manera en que un niño se comporte.

Errores comunes en el control de la conducta

Para tener éxito en la educación de un niño con ADD, se necesita una gran cantidad de paciencia y esfuerzo. Debido a su conducta retadora, y casi siempre irritante, los niños con ADD pondrán a prueba la habilidad educativa aun de los padres más aptos. Antes de entrar a detallar algunos recursos para controlar adecuadamente la conducta de un niño, pudiera ser útil analizar algunos errores que los padres cometen al disciplinar a sus hijos.

La falta de un elogio adecuado por una conducta positiva, la inconsecuencia en aplicar la disciplina frente a una conducta negativa, la falta de constancia en fijar los límites y los desacuerdos entre los padres en cuanto a qué conducta requiere disciplina y cómo aplicarla, son algunos de los errores fundamentales que cometen los padres en el control de la conducta de sus hijos. Recuerde que un niño con un trastorno de bajo nivel de atención, en particular uno que es hiperactivo e impulsivo, puede sacar a relucir las peores cualidades, aún de los mejores padres. Revise esta sección para ver si usted ha cometido algunos de estos errores en los últimos días.

La falta de elogios

El sentido común nos dice que los niños responden mejor ante los elogios que ante el castigo o el desinterés. El elogio hace que el niño se esfuerce más y responda en el futuro de una manera apropiada. Lamentablemente, algunos padres cometen el error de reservarse los elogios y por lo tanto, no facilitan que su hijo reciba suficiente refuerzo positivo y aliento.

Cuando una conducta esté seguida por una señal de refuerzo (un elogio verbal, una sonrisa, un abrazo o algún tipo de premio) esa conducta se fortalece y es más probable que se repita en el futuro. El no reconocer, elogiar o recompensar con la frecuencia necesaria al niño por hacer lo correcto, es un error muy común que puede conducir a un debilitamiento de la conducta adecuada. El refuerzo positivo frecuente es útil, no sólo para aumentar la probabilidades de que una conducta se repita, sino que también ayuda al niño a sentirse bien consigo mismo y fortalece su seguridad dándole además ánimo y motivación.

Probablemente existan varias razones por las cuales los padres no refuercen positivamente la conducta de su hijo con más frecuencia. Una pudiera ser que a veces un padre considere la conducta positiva como algo que es de esperarse y por lo tanto, no merece un reconocimiento o valor especial. Los padres que piensan así son más propensos a señalar la conducta del niño cuando sea incorrecta, con lo cual darán aún más atención negativa a esos comportamientos inadecuados. Sin embargo, para algunos niños, la atención negativa puede resultar más gratificante que la falta de atención, por lo cual estos padres corren el riesgo de fortalecer la mala conducta del niño.

Una segunda razón por la cual los padres no refuerzan de manera positiva la conducta apropiada pudiera ser porque temen interrumpir el comportamiento positivo y así provocar que el niño pare lo que esté haciendo. Los padres que piensan de este modo tienden a seguir el proverbio que dice "mejor dejar lo bueno en paz". Recuerdan momentos en que inmediatamente después de haberlo elogiado, el niño comenzó a mostrar una conducta inadecuada y por lo tanto, tratan de interrumpirlo lo menos posible cuando se está portando bien.

Una tercera razón por la cual los padres algunas veces se reservan los elogios se debe a la decepción que sienten con el niño. Los padres de niños con un alto índice de conducta inadecuada, a menudo piensan: "¿Por qué debo elogiarlo ahora, ha estado actuando mal todo el día?" En esos momentos los padres necesitan recordar que al albergar sentimientos tan negativos pudieran crear sin saberlo, problemas aún mayores al hacer que su hijo se desanime y se decepcione consigo mismo.

La disciplina demorada o inconstante

Otro error común que cometemos como padres tiene que ver con la rapidez y la constancia con la cual disciplinamos la conducta inadecuada. Cuando una conducta inadecuada se repite varias veces es posible que los padres no hayan aplicado una disciplina rápida y constante. Es un error común el evitar enfrentar activamente el problema de conducta de nuestro hijo de una manera inmediata y consecuente. En vez de ello, generalmente le decimos una y otra vez que deje de portarse mal y lo amenazamos repetidamente con lo que le va a suceder si no se comporta de forma adecuada, pero con demasiada frecuencia no reaccionamos a la mala conducta correctamente tomando las siguientes medidas:

1. dar la orden de parar;
2. dar una advertencia de parar; y
3. aplicar un castigo si la mala conducta prosigue.

El diagrama siguiente refleja las respuestas correctas e incorrectas de los padres ante la mala conducta.

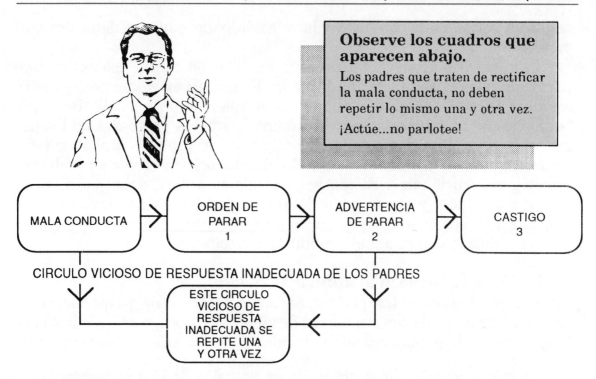

Observe los cuadros que aparecen abajo.

Los padres que traten de rectificar la mala conducta, no deben repetir lo mismo una y otra vez.

¡Actúe...no parlotee!

MALA CONDUCTA → ORDEN DE PARAR 1 → ADVERTENCIA DE PARAR 2 → CASTIGO 3

CIRCULO VICIOSO DE RESPUESTA INADECUADA DE LOS PADRES

ESTE CIRCULO VICIOSO DE RESPUESTA INADECUADA SE REPITE UNA Y OTRA VEZ

El castigo se define como algo que se aplica a un niño con el objetivo de debilitar la mala conducta y que generalmente no se trata de ignorarlo. Cuando no castigamos la mala conducta le damos la impresión al niño de que se puede portar mal, que no hay nada malo en su actuación, y que incluso, pudiera hasta ser bueno que actúe de esa manera. Con frecuencia, la mala conducta que muestra el niño tiene un efecto de refuerzo para él y por lo tanto, continuará si no se le pone un freno. Por lo regular, el ignorar la mala conducta o simplemente decirle al niño que deje de portarse mal y que adopte una conducta adecuada no es suficiente para debilitar el mal comportamiento. Los padres de cualquier niño, y en particular los de un niño con ADD, deben darle respuesta **inmediata** a la conducta inadecuada del niño (entre los 5 y 10 segundos de dar la orden de parar) y, deben advertirle de manera **consecuente** que pare (cada vez que se manifieste la mala conducta) y aplicarle el castigo si la mala conducta continúa.

Hay varias razones por las cuales como padres no le aplicamos de manera consecuente el castigo a la mala conducta de nuestro hijo. A veces no queremos tomar el tiempo que requiere llevar a cabo el castigo. Otras veces no queremos entrar en el "barullo" o el conflicto que provocaríamos al niño si le aplicáramos un castigo. En ocasiones continuamos reaccionando ante la mala conducta regañando verbalmente o sermoneando al niño con la esperanza de que nuestro mensaje será eventualmente atendido. Estas tácticas verbales generalmente conducen a discusiones emocionales intensas en las que el niño recibe una atención negativa por su mala conducta y la relación padres-hijo se deteriora aún más.

Es necesario aconsejar prudencia en relación con el uso del castigo para controlar la conducta inadecuada. El uso excesivo del castigo para corregir la mala conducta puede tener resultados más dañinos que beneficiosos. La educación excesivamente agresiva por parte de los padres o la disciplina demasiado coercitiva puede producir una desmoralización y un resentimiento en el niño, dando lugar a su vez a problemas psicológicos adicionales. El castigo, cuando se aplica, debe hacerse con razón, constancia y el respaldo de ambos padres. El refuerzo positivo siempre debe ser utilizado para reconocer cualquier mejoría que tenga el niño en relación con una mala conducta específica.

La falta de firmeza al aplicar la disciplina

Frecuentemente, los padres cometen el error de responder a la conducta inadecuada con amenazas de aplicar un castigo en un inicio pero luego ceden ante el niño cuando su conducta se torna demasiado irritante.

La señora Schaeffer, la madre de Robin, una niña de 10 años de edad, se ve constantemente interrumpida por su hija cuando trata asuntos por teléfono. En repetidas ocasiones le ha pedido a la pequeña que no la moleste cuando esté hablando por teléfono, pero Robin no parece recordarlo. Al igual que muchos padres, la señora Schaeffer no está consciente de las sutilezas de su propio comportamiento y de como ella responde a Robin cuando la interrumpe. Sin embargo, su esposo señaló que la respuesta típica de su mujer ante las interrupciones telefónicas de Robin es la de regañar primero y luego ceder, con lo cual refuerza la conducta negativa:

Mientras todavía se encuentra hablando por teléfono, la madre tapa la bocina del teléfono y responde: *"Robin, te he dicho un millón de veces que no me interrumpas cuando hablo por teléfono. ¿Qué quieres ahora?"*

A veces todos cometemos el error de ceder con demasiada frecuencia ante el niño. Es muy fácil caer en el patrón de conducta de un padre que dice **"NO, NO, NO, NO, SI"**. Estos padres suelen ser víctimas de las implacables exigencias y argumentos de su hijo. En lugar de mantenerse firme en su decisión de permitir o no una cierta conducta, los padres capitulan y ceden, dándole de esta manera al niño un refuerzo por su actitud exigente y argumentativa. El niño aprende esta lección: "Si sigo presionando a mi papá, acabará por ceder." Generalmente los padres se sienten "impotentes" frente a las constantes exigencias del niño. Si esto se repite continuamente los padres pudieran caer en un patrón de conducta denominado "impotencia aprendida" en el que comienzan a pensar que no se puede hacer nada para frenar la mala conducta del niño así que es más fácil ceder antes que aplicarle una disciplina apropiada.

La trampa del villano, la víctima y el salvador

En las familias donde los padres suelen no estar de acuerdo en relación con la manera de controlar la mala conducta, es fácil que el niño manipule tanto al padre como a la madre, y que al hacerlo, termine por ejercer demasiado control dentro de la familia. En estas familias se establece un triángulo que hace muy difícil ejercer una disciplina efectiva sobre el niño. Generalmente se desarrollan triángulos cuando uno de los padres considera que el otro es demasiado "duro" o demasiado "blando" con respecto al niño. Cualquiera de los dos puede reaccionar compensando demasiado la disciplina del otro (por ejemplo, mi esposo dice "no" a todo lo que pide Jennifer, por eso pienso que yo debo decir "sí" con más frecuencia.)

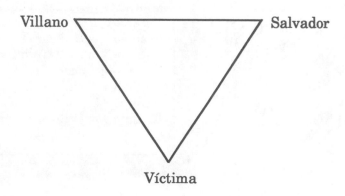

En la trampa del villano, la víctima y el salvador, uno de los padres castiga, por lo que el niño lo ve como el villano mientras que al otro, el que no castiga, lo ve como el salvador. Estos padres no trabajan unidos para controlar la mala conducta del niño. Después que uno de los padres lo castiga, el otro lo salva, y por consiguiente, cancela el efecto del castigo. Para empeorar aún más la situación, el niño toma partido a favor del que lo salva, se considera a sí mismo como la víctima del que lo castiga, y se aprovecha del apoyo que le brinda el salvador. La conducta del niño no se modifica y los padres terminan discutiendo.

Es un error bastante común que los padres no se apoyen lo suficiente al aplicar la disciplina a la mala conducta. Es importante que si uno de los padres manda al niño a hacer algo y el niño titubea, que el otro también le mande a hacer lo que le indicó el primero. Si no da una opinión, el niño casi siempre pensará equivocadamente que el padre silencioso apoya su indisciplina.

Por supuesto, no es posible que los padres siempre estén de acuerdo en principio sobre cuándo la conducta del niño es o no objetable. En tales casos, los padres deben discutir el problema entre ellos y llegar a una conclusión antes de darle instrucciones al niño.

Recursos para controlar la conducta

En esta sección los padres encontrarán algunos recursos útiles para controlar adecuadamente la conducta de su hijo en el hogar. Después de ver cada uno, le recomendamos que llene la hoja de trabajo y practique aplicando estos recursos en situaciones cotidianas con su hijo. Se pretende que estos recursos le sirvan de sugerencias prácticas en cuanto a la disciplina de los niños.

Recursos para controlar la conducta.
Encontrará algunas hojas de trabajo que le serán útiles para practicar la aplicación de los siguientes recursos:
Recurso # 1: Asumir la actitud correcta
Recurso # 2: Utilizar el refuerzo positivo
Recurso # 3: Utilizar la comunicación asertiva
Recurso # 4: Utilizar la penitencia
Recurso # 5: Permitirle opciones al niño
Recurso # 6: Utilizar los programas de distintivos

Le sugerimos que piense seriamente en las conductas que le gustaría modificar en su propia persona cuando aplique estos recursos en sus esfuerzos por controlar a su hijo. Tampoco debe tratar de abordar muchas de una vez cuando escoja las conductas que desea modificar en su hijo. Sea preciso en su plan. Utilice las hojas de trabajo para ayudar a establecer las metas de la conducta adecuada y trabaje de una manera sistemática, aplicando los principios de recompensa y castigo.

Recurso # 1: Asumir la actitud correcta

La mayoría de los padres que tienen niños con ADD le dirán que "lo han probado todo" en cuanto a las técnicas de modificación de la conducta para controlar el comportamiento de su hijo. Muchos informan que estas técnicas a veces dan resultado, pero no siempre. Yo no discreparía. Es sumamente difícil controlar la conducta de un niño con ADD, particularmente si la hiperactividad del niño es severa. Sin embargo, no es imposible y una actitud correcta ayuda.

Primero, como señalábamos anteriormente, es importante aceptar el hecho de que su hijo tiene ADD. Tenga presente que al aceptar el trastorno usted comprende que los síntomas básicos de impulsividad, distracción, exceso de actividad e intranquilidad no se curarán con las técnicas de modificación de la conducta que usted aplique. Lo más probable es que el niño seguirá manifestando estos síntomas en cierta medida aunque usted haya aplicado correctamente todos los recursos para la modificación de la conducta que sugerimos en este cuaderno. Recuerde que a estas alturas no existe una cura para ADD. Lo mejor que usted puede hacer es controlar el comportamiento. Así que no debe pensar que ha fracasado si sus recursos para controlar la conducta dan mejores resultados algunas veces y no tan buenos en otras ocasiones.

En la educación de su hijo con ADD usted sufrirá altas y bajas emocionales. Durante los momentos cumbres probablemente se sentirá victorioso y agradecido de que su hijo se esté comportando tan bien en el hogar y la escuela. Durante los momentos críticos trate de no desalentarse. Mantenga una actitud positiva. Siga practicando la aplicación de los métodos de modificación de la conducta que aparecen en las páginas siguientes. Sea consecuente, sereno y trate de descifrar qué es lo que no anda bien, y mantenga el control hasta que lleguen tiempos mejores.

Si en su hogar se ha desarrollado una atmósfera altamente negativa como resultado de la mala conducta de su hijo, es sumamente importante que usted haga todo el esfuerzo posible por establecer un ambiente positivo en el que usted y su hijo puedan interactuar en un clima de cooperación. Para lograr esto quizás los padres tendrán que ignorar inicialmente ciertas conductas negativas y concentrarse en los aspectos positivos de la conducta de su hijo. Los padres que mantienen una actitud alentadora y positiva pueden ayudar a preparar el terreno para que su hijo tenga un cambio saludable.

Para conocer mejor su capacidad como educador sírvase llenar la hoja de trabajo # 1 antes de continuar leyendo.

Hoja de trabajo # 1: Errores comunes al controlar la mala conducta

Esta hoja de trabajo pretende ayudar a los padres a conocer los errores que se cometen con más frecuencia al tratar de controlar la mala conducta de un niño.

Instrucciones:

Sírvase leer cada una de las siguientes afirmaciones sobre la forma en que usted responde normalmente a su hijo. Escriba una S al lado de la afirmación si usted siempre actúa de ese modo. Escriba una O si lo hace ocasionalmente, y una N si no lo hace nunca.

Madre   Padre

_____ _____ Tengo tendencia a alzar la voz y gritar cuando mi hijo se porta mal.

_____ _____ Rechazo las peticiones de mi hijo antes de escucharlas.

_____ _____ Destaco lo que mi hijo hace mal en lugar de lo que hace bien.

_____ _____ Cedo ante los lloriqueos y las súplicas de mi hijo.

_____ _____ Cuando no quiero que mi hijo haga algo le digo primero que no con firmeza, pero eventualmente cedo.

_____ _____ Creo que los padres que tienen diferentes criterios deben discrepar en frente de su hijo en relación con la disciplina.

_____ _____ Tengo la tendencia a repetirle demasiado las instrucciones a mi hijo, en lugar de tomar medidas cuando no me escucha.

Si usted contestó **Siempre** a la mayoría de las preguntas debe tomarse unos minutos para releer la sección sobre los errores más comunes que cometen los padres en el control de la conducta inadecuada. Si usted contestó **Ocasionalmente** a la mayoría de estas preguntas no se preocupe, usted es tan humano como lo somos todos. Si contestó **Nunca** a todas estas preguntas, lo felicitamos. Es muy probable que usted esté realizando una magnífica labor en la educación de su hijo y su conducta seguramente está bastante bien controlada.

Sin embargo, si las cosas no andan muy bien, trate de recordar que todos cometemos errores. Todos los padres de un niño hiperactivo pierden la paciencia, gritan cuando deberían estar calmados y ceden cuando no deberían, etc. Los recursos que le presentamos a continuación son más fáciles de leer que de aplicar así que no se desanime si comete un error. Recuerde, estos errores son **comunes.**

Recurso # 2: Utilizar el refuerzo positivo

Como afirmábamos anteriormente, el método más efectivo para controlar la mala conducta de un niño es a través de la aplicación del refuerzo positivo. Las conductas seguidas por un refuerzo positivo tienen más probabilidades de afirmarse y repetirse. Los refuerzos pueden ser sociales (por ejemplo, la atención estrecha de otra persona, una mirada, un abrazo, una palabra de aprobación, etc.) o físicas (un regalo, un privilegio, un distintivo, etc.)

La práctica de utilizar el refuerzo positivo para cambiar la conducta de un niño es fácil de comprender, sin embargo, pocas personas lo hacen bien. A algunos padres simplemente les resulta muy difícil elogiar. Reservan su aprobación, sus elogios y felicitaciones para acontecimientos destacados. Estos padres no logran comprender los grandes beneficios que pueden aportar unas cuantas palabras amables. Del otro extremo se encuentran los padres que ofrecen refuerzo positivo con demasiada facilidad. Prácticamente ahogan a su hijo con elogios, abrazos y otras muestras de afecto independientemente de lo que la criatura haga. Los padres que desean cambiar la conducta deben dar refuerzo positivo inmediatamente después de producirse la conducta deseada. Siempre y cuando el niño se comporte correctamente, debe haber refuerzo.

¡Elogie y aliente!
Los padres que sorprenden a su hijo portándose bien y lo elogian estarán adelantados en el arte del manejo infantil.

Cuando se enseña una nueva conducta es mejor reforzar cada vez que la conducta se manifieste. Nuevas conductas requieren un refuerzo inmediato y continuo para poder iniciarse. Para las conductas más complicadas es importante reforzar paso a paso. Esto se llama moldear. Por ejemplo, para moldear a su hijo para que preste atención a la tarea escolar sería importante dar refuerzo positivo varias veces mientras la realice. El refuerzo pudiera darse por escribir toda la tarea escolar en la escuela, por traer a la casa los libros de texto correspondientes, por sentarse a trabajar a la hora correcta y mientras esté realizando la tarea. El refuerzo inmediato y continuo, ofrecido con frecuencia y a cada pequeño paso del

45

proceso, es mejor para fortalecer una conducta compleja que el elogio único de los padres después que la conducta haya terminado.

Los refuerzos físicos, tales como privilegios, comida, refrescos, dinero, juguetes, distintivos, etc. son útiles para cambiar la conducta. Algunos padres titubean al ofrecer estos refuerzos pensando que están sobornando a su hijo para que se comporte correctamente. Recuerde que todos trabajamos para refuerzos físicos (generalmente, el dinero) y que el soborno por lo regular se refiere al pago que uno recibe por hacer algo ilegal.

Identifique las áreas en que su hijo se destaque. Estas áreas de destreza son las islas de capacidad de su hijo y pueden utilizarse para aumentar su autoestima y seguridad. Una isla de capacidad no tiene que ser algo extravagante, sólo una área en la que su hijo puede destacarse de los demás miembros de la familia, por ejemplo, el que mejor pasea al perro, el que mejor hace los chistes, el experto en el juego de vídeo, un verdadero profesional arreglando cosas, etc.

Ahora sírvase llenar la hoja de trabajo # 2 en la próxima página para revisar el uso del refuerzo positivo para controlar la conducta impropia.

Encuentre las señales de la buena conducta.

Por supuesto que es agradable recibir un elogio.

Trate de hacer cuantos elogios pueda.

Hoja de trabajo # 2: Utilizar el refuerzo positivo

Esta hoja de trabajo pretende auxiliar a los padres a conocer cómo están utilizando el refuerzo para controlar la conducta impropia de su hijo y facilitarle algunos ejercicios de refuerzo positivo.

1er Paso: Piense de forma positiva

Haga una lista con todas las formas que usted utiliza para dar refuerzo positivo a su hijo por comportarse correctamente. Relacione los reforzadores que usted considere como los más eficaces para fortalecer la conducta positiva de su hijo.

Ejemplo: Haga elogios verbales, tales como: "Sabes escuchar".

1. _____
2. _____
3. _____
4. _____
5. _____

2o Paso: Identifique dos conductas que usted desea reforzar

Escriba en los espacios que aparecen abajo las dos conductas que usted desearía que su hijo manifestara con más frecuencia. Especifique la conducta y si la misma es complicada divídala en partes más pequeñas (como en el ejemplo).

Ejemplo: Escribir en el aula las tareas que debe hacer en la casa, sentarse sólo en su cuarto a realizar la tarea y terminarla en forma ordenada y limpia, sin ayuda.

1. _____
_____
2. _____
_____

3er Paso: Planifique su refuerzo

Escriba exactamente cómo usted piensa reforzar a su hijo cada vez que manifieste la conducta deseada que se señala en el ejemplo anterior.

Cada vez que mi hijo _____ lo reforzaré mediante _____ .

4o Paso: Reforzar de inmediato y continuamente

Cuando se va a fortalecer un nuevo comportamiento es mejor al principio reforzar de inmediato y con frecuencia. Es decir, reforzar inmediatamente después que usted observe la conducta, en cada aspecto de la misma y cada vez que se manifieste. Recuérdese de buscar la conducta deseada, o la que más se parezca a la misma, y brinde de inmediato el refuerzo. Sorpréndalo cuando se está portando bien y concéntrese en la buena conducta.

5o Paso: Siga con atención los éxitos que obtiene su hijo

Utilice uno de los cuadros al final de este cuaderno (Apéndice A), para ayudar a su hijo a que él mismo reconozca sus éxitos. Llene la tabla correspondiente con etiquetas engomadas o concédale puntos por la conducta positiva. Después que su hijo haya llenado la tabla, bríndele un reforzador de respaldo, como por ejemplo:

"Mary, como has llenado tu cuadro con etiquetas por limpiar tu cuarto, iremos al cine."

6o Paso: Escriba dos "islas de capacidad" que pueda tener su hijo.

1. _____
2. _____

7o Paso: Piense en las formas en que usted pueda ampliar estas islas de capacidad para ayudar a su hijo a sentirse bien consigo mismo.

Recurso # 3: Utilizar la comunicación asertiva

Aunque corremos el riesgo de simplificar demasiado, los estilos de comunicación de los padres se pueden dividir en:

* La comunicación pasiva
* La comunicación agresiva
* La comunicación asertiva

A medida que usted lea las descripciones de cada uno de estos estilos, trate de comparar su propio estilo de comunicación con su hijo con los que aparecen a continuación.

La comunicación pasiva

Los padres que se comunican pasivamente por lo general suelen colocar las necesidades y los deseos de sus hijos por encima de los suyos. Muchas veces estos padres tienen dificultad al aplicar las reglas y regulaciones dentro de sus hogares y pueden ser manipulados fácilmente por sus hijos.

El objetivo primordial de la comunicación para los padres pasivos es el de mantener el ambiente del hogar tranquilo y sin conflictos. Con frecuencia, los padres pasivos tienen miedo a comunicarse con el niño de una forma autoritativa por temor a alienarlo y perder su amor y afecto, o provocar un conflicto con su pareja. A través de la comunicación pasiva los padres tratan de evitar el conflicto con el niño y a menudo racionalizan o minimizan la conducta impropia del niño en un esfuerzo adicional por evitar dicho conflicto. Además de tener pocas reglas claramente definidas en el hogar, el estilo de estos padres cuando le comunican al niño lo que esperan de él, es muchas veces evasivo, débil y ambiguo.

Un ejemplo de la comunicación pasiva

Miguel es una persona afectuosa, sociable y simpática. Es un padre de buen carácter y al igual que la mayoría de los padres, quiere que su hija María tenga todas las ventajas que él pueda brindarle. Miguel quien suele ser algo inseguro en cuanto a las relaciones interpersonales en general, se vuelve aprensivo con respecto al trato que le da a su hija y se siente algo intimidado por ella. Esto afecta de manera significativa el estilo con el cual maneja las situaciones con su hija como veremos a continuación:

Miguel: María, es hora de hacer tu tarea.

María: ¡Ay, Papá, ya! La haré después de este programa.

Miguel: Sabes María, creo que acordamos la semana pasada que tú harías tu tarea inmediatamente después de cenar.

María: Pero a todos los demás niños los dejan ver este programa. No es justo. ¡Qué malo eres! ¿No puedo ver solamente este programa y después hacer mi tarea?

Miguel: Bueno, está bien María. No tengo ganas de seguir discutiendo. Ve el programa pero prométeme que harás tu tarea en cuanto termine.

María: Lo haré Papá.

La comunicación agresiva

Los padres que se comunican agresivamente generalmente ponen sus necesidades por encima de las de su hijo. Suelen aplicar las reglas y regulaciones en el hogar con métodos que violan la dignidad del niño, utilizando amenazas, castigos severos, insultos y otros métodos agresivos de control.

El objetivo primordial de la comunicación agresiva es dominar por medio del poder. Generalmente, los padres agresivos quieren que las cosas se hagan a su manera, sin mucha contemplación con los deseos del niño, y tienden a ver al niño inconforme como una amenaza a su poder dentro del núcleo familiar. El ganar es generalmente una necesidad importante de la personalidad de los padres agresivos, por lo cual obligan al niño con demasiada frecuencia a ocupar la posición del perdedor. Pero la victoria la consiguen estos padres generalmente a través de la humillación y el menosprecio, con poca deferencia o respeto por los sentimientos del niño. Estos métodos educativos, por supuesto, pueden ser perjudiciales para la autoestima del niño, y pueden resultar contraproducentes, incrementando la rebeldía y la agresividad por parte del niño en una etapa posterior.

Un ejemplo de la comunicación agresiva

Como madre, Susana responde a su hijo de una manera excesivamente autoritaria. La forma en que trata a Jaime puede conseguir que haga lo que se le dice pero probablemente a costas de su dignidad y autoestima.

Susana: Jaime, es hora de hacer tu tarea.

Jaime: ¡Ay, Mamá, ya! La haré después de este programa.

Susana: Jaime, siempre estás evadiendo tus obligaciones. Que irresponsable y haragán eres. Lo único que quieres hacer es jugar y estar sentado en frente del televisor.

Jaime: Pero a todos los demás niños los dejan ver este programa. No es justo. ¡Qué mala eres! ¿No puedo ver solamente este programa y después hacer mi tarea?

Susana: No. Necesitas toda la ayuda que se te pueda dar en la escuela. No comprendo por qué me obligas a la misma discusión todas las noches. Te comportas de manera realmente malcriada y abominable. Te debería dar vergüenza. ¡Vamos, ve para tu cuarto y no salgas hasta que no hayas terminado la tarea!

La comunicación asertiva

Los padres que se comunican de una forma asertiva defienden sus criterios y expresan sus ideas y deseos al niño de una forma clara, directa y razonable, mostrando interés.

El objetivo primordial de los padres asertivos es guiar y brindar una base que permita al niño tomar decisiones correctas. Los padres que se comportan de manera asertiva tienden a desalentar el comportamiento dependiente del niño y, al contrario de los agresivos, estimulan al niño a pensar independientemente y a actuar dentro de los límites apropiados. Los parámetros de la conducta se comunican de tal forma que se respeta la dignidad, tanto de los padres como del niño. Las comunicaciones asertivas por lo general cuentan con reglas y regulaciones claramente definidas, y los padres asertivos generalmente aplican estas reglas de una manera firme, pero comprensiva. Manejan las situaciones con el niño ofreciéndole explicaciones y también dándole una oportunidad razonable para expresarse. Los padres asertivos no ceden el mando ni el control, sin embargo, esto no obedece a un intento de doblegar o disminuir, sino al deseo de mantener un papel de líder en el hogar.

Un ejemplo de la comunicación asertiva

Como madre, Janet trata de ser comprensiva ante la conducta de su hijo David, a la vez que lo enseña a ser responsable de sí mismo. Al hacerlo, ella lo escucha con interés, le responde sin hacer juicios y lo ayuda a tomar decisiones lógicas y eficaces en relación con su conducta:

Janet: David, es hora de hacer tu tarea.

David: ¡Ay, Mamá, ya! La haré después de este programa.

Janet: David, ¡mírame! La semana pasada los dos acordamos que comenzarías a hacer la tarea inmediatamente después de cenar. Tú decidiste que preferías tener el tiempo libre después de la escuela para jugar y dejar la tarea para después de la cena. ¿No es así?

51

David: Pero a todos los demás niños los dejan ver este programa. No es justo. ¡Qué mala eres! ¿No puedo ver solamente este programa y después hacer mi tarea?

Janet: Lo siento David. Comprendo que te sientas decepcionado, pero hicimos un trato y tendrás que hacer tu tarea ahora mismo como prometiste.

Para ser un comunicador asertivo se necesita tiempo, paciencia y autocontrol. Como padre o madre, a veces le resultará más fácil simplemente ignorar la mala conducta de su hijo u olvidarse de controlar su propio genio. Todos somos culpables de vez en cuando de reaccionar con debilidad o excesiva firmeza cuando tratamos con nuestros hijos. Sin embargo, cuando cualquiera de estos dos extremos se transforma en pauta del trato con nuestros hijos, es probable que provoque serios problemas de disciplina.

Los padres demasiado pasivos o agresivos deben encontrar un equilibrio en su estilo de controlar a su hijo. Deben establecer en el hogar reglas bien definidas y claramente comunicadas a los niños, y deben aplicar estas reglas de una manera asertiva y eficaz, con suficiente compasión y comprensión de cómo el trastorno de bajo nivel de atención del niño afecta su conducta.

Llene la hoja de trabajo # 3 para practicar el uso de la comunicación asertiva.

Hoja de trabajo # 3: Utilizar la comunicación asertiva

Esta hoja de trabajo tiene como objetivo permitirle a los padres repasar aspectos específicos de la comunicación asertiva, y practicar la aplicación de órdenes asertivas para controlar la conducta impropia de su hijo.

1er Paso: Diferenciar las órdenes pasivas, agresivas y asertivas

Marque la frase pasiva con **P**, la agresiva con **AG** y la asertiva con **AS**.

1. _____ *Nunca escuchas. Creo que no eres más que un haragán. Haz la tarea.*
2. _____ *Creo que me gustaría que hicieras la tarea ahora. ¿Está bien?*
3. _____ *No eres más que un chiquillo malcriado cuando se trata de la responsabilidad.*
4. _____ *¡Haz la tarea ahora si quieres salir a jugar después!*
5. _____ *¡Deja de pelear con tu hermano ahora mismo!*
6. _____ *¿Cuántas veces tengo que decirte que te portes bien?*
7. _____ *Te estás convirtiendo en un haragán inútil.*
8. _____ *Si te comportas mal, una sola vez más, te suspendo el juego.*

Los enunciados 1, 3 y 7 son órdenes agresivas. Los enunciados 2 y 6 son órdenes pasivas. Los enunciados 4, 5 y 8 son órdenes asertivas.

2o Paso: Las características de las órdenes asertivas

- Diga lo que sienta y sienta lo que diga.
- Dé las órdenes cortésmente, pero con firmeza.
- Mírele al niño a los ojos antes de emitir una orden.
- Haga cumplir su orden con una supervisión inmediata.
- No le pida al niño que cumpla una orden. Recuérdele que la orden debe cumplirse.
- Si el niño trata de convencerlo de retirar la orden, manténgase firme.

3er Paso: Práctica para aprender a escuchar

La práctica para aprender a escuchar es para los niños menores de nueve años. Su objetivo es darle al niño un refuerzo positivo por haber escuchado las órdenes correctamente. Los padres por su parte, practican la emisión de órdenes asertivas, siguiendo las reglas del 2o Paso. Cuando el niño cumple la orden, los padres refuerzan la conducta del niño de forma positiva. Sin embargo, si el niño se niega a obedecer, los padres entonces deberán advertirle al niño que se aplicará una penitencia. La desobediencia continuada significará la aplicación de la penitencia (lea la próxima sección sobre cómo utilizar la penitencia).

Tome cinco minutos todos los días para explicarle a su hijo que este tiempo será el momento de la "práctica para aprender a escuchar" y que tendrá la oportunidad de ganarse etiquetas o puntos por haber sabido escuchar bien (utilice la tabla de etiquetas titulada "Soy todo oídos: Como escuchar bien" en el Apéndice A). Trate de hacer que la experiencia sea lo más agradable posible, y presente este espacio de tiempo al niño de una forma positiva. Durante la práctica para escuchar asegúrese que su hijo le esté prestando toda su atención. Proceda a darle algunas órdenes asertivas sencillas, y a continuación ofrézcale algún refuerzo positivo verbal por escuchar, y colóquele una etiqueta en la tabla "Soy todo oídos".

Por ejemplo:
Juanito, por favor cierra la puerta de tu cuarto.
Si el niño obedece, diga algo como:
Sabes escuchar. Ahora, por favor tráeme un lápiz.

Si el niño obedece, refuérzelo verbalmente otra vez y dé otra orden. Si se niega a obedecer, adviértale que se le aplicará una penitencia si no obedece. Si el niño sigue negándose a obedecer, aplique la penitencia. Si el niño escucha la orden verbal, refuerce su obediencia y dé otra orden. Continúe hasta que haya terminado de dar todas las órdenes.

Recuerde que el objetivo de las prácticas para aprender a escuchar es enseñarle a su hijo a cumplir las instrucciones. Mantenga estas sesiones de práctica positivas y alegres. Trate de que escuchar se vuelva un juego y tome algunos minutos cada día para practicar los ejercicios de escuchar.

Recurso # 4: Utilizar la penitencia

La penitencia es un recurso muy eficaz para controlar la conducta inadecuada. En pocas palabras, la penitencia significa apartar al niño de una situación reforzadora y mandarlo a pasar algún tiempo en un ambiente aburrido y desagradable. La penitencia es un recurso útil para producir un cambio rápido en la conducta. Algunas malas conductas disminuirán si los padres las ignoran. Sin embargo, en el caso de las malas conductas particularmente irritantes, tales como las rivalidades entre hermanos, las rabietas de mal genio, el llanto constante y otras por el estilo, toma demasiado tiempo para producir un cambio conductual, y es bastante improbable que la mayoría de los padres tengan la paciencia para ignorar una conducta inadecuada de esa índole durante mucho tiempo.

En la utilización de la penitencia, el primer paso es definir aquellas malas conductas por las que usted aplicará ese castigo. En el espacio en la hoja de trabajo # 4, relacione las malas conductas específicas que castigará con la penitencia y las alternativas de conductas apropiadas que reforzará. Recuerde que cada vez que usted utilice un programa de castigo para cambiar la mala conducta, es importante que también establezca un programa de refuerzo para estimular más la conducta positiva. Su Lista de Conductas a Tratar pudiera ser algo así:

Malas conductas que serán castigadas con una penitencia	Conductas positivas que serán reforzadas
1. Molestar a su hermana menor	1. Jugar amablemente con su hermana
2. Tener una rabieta de mal genio	2. Aceptar un "no" apaciblemente
3. Negarse a recoger los juguetes	3. Recoger los juguetes cuando se le indique

El segundo paso en la utilización de la penitencia es determinar el lugar donde enviará al niño cuando se comporte mal. Puesto que la penitencia, por definición, requiere un ambiente que no sirva de refuerzo, usted debe escoger un lugar en la casa donde no haya juguetes, juegos, televisores, libros o personas. El cuarto del niño no es generalmente un buen lugar para aplicar la penitencia debido a todas las distracciones que están a su disposición. El baño generalmente es un lugar adecuado porque es aburrido. Algunos padres prefieren utilizar una silla de penitencia colocada en un rincón, y mandar al niño a sentarse en ella de frente a la pared. La silla debe estar situada en un área de la casa que tiene pocas o ningunas distracciones para no permitir inadvertidamente que el niño reciba cualquier refuerzo mientras esté de penitencia.

El tercer paso en la utilización de la penitencia es determinar qué tiempo de duración tendrá el castigo. Una buena regla es la de utilizar un minuto de penitencia por cada año de edad del niño por una mala conducta

55

leve, y dos minutos por cada año de su edad por una conducta más grave. Una buena ayuda es la utilización de un reloj portátil, con una campana o un timbre para avisar el final del período de penitencia.

El cuarto paso en la utilización de la penitencia es ordenarle al niño ir al lugar de penitencia y aplicar el castigo. Puesto que el objetivo de utilizar la penitencia es reemplazar las formas más agresivas, negativas y/o emocionales de castigo, tales como gritar, regañar y dar una nalgada, es importante que al niño se le ordene ir al lugar de penitencia sin emotividad, utilizando la comunicación asertiva. Los padres deben evitar los sermones, insultos, discusiones o preguntas retóricas, tales como: "¿Cuántas veces te tengo que decir que no hagas eso?" o "¿Cuándo vas a aprender a escuchar?" Esto sólo contribuye a que el niño reciba más atención por su mala conducta y pudiera reforzar inadvertidamente la conducta indeseada.

Por ejemplo, después de observar al niño molestando a su hermanita, el padre debe decir simplemente:

"¡Marcos, no sigas molestando a tu hermana!"

El padre deberá contar entonces hasta cinco en silencio. Si ha dejado de molestar, debe elogiarlo por haber escuchado. Si el niño continúa molestando, debe ir hasta donde está el niño, mirarlo a los ojos, y decirle de forma afirmativa:

"¡Marcos, no me escuchaste. Si vuelves a hacer eso, te enviaré al lugar de penitencia!"

El padre debe esperar otros cinco segundos. Si el niño obedece y deja de molestar, debe reforzar al niño con un elogio apropiado por haber escuchado. Sin embargo, si el niño continúa comportándose mal, debe mirarlo una vez más a los ojos, y en una voz firme, que deja claro que no se tolerarán indisciplinas, darle la orden de ir al lugar de penitencia.

"¡Marcos, no me escuchaste. Ve ahora mismo a cumplir la penitencia!"

En este momento el padre debe acompañar al niño al lugar de la penitencia, poner el reloj para el número de minutos correspondientes y ordenar al niño a quedarse ahí y pensar en lo que hizo mal hasta que suene el reloj. Cuando termina la penitencia, se le recuerda al niño que no debe volver a molestar a su hermana o tendrá que regresar a cumplir nuevamente la penitencia. En situaciones en las que se utilizó la penitencia porque el niño no hizo algo que se le ordenó (por ejemplo, cepillarse los dientes, recoger los juguetes, etc.), se le indica que lo cumpla una vez que termine el período de penitencia. Si se niega a hacerlo, debe castigársele nuevamente con otra penitencia.

No todos los niños responden a la penitencia con una actitud de cooperación. Algunos se resisten a ir desde el principio y pondrán a prueba los límites del programa de una manera agresiva. Muchos niños lo hacen discutiendo con sus padres para ver si logran convencerlos a no aplicar la penitencia. Los niños son muy diestros en esto y emplean todo tipo de tácticas, tales como prometer que nunca se volverán a portar así por el resto de sus vidas, culpar a otras personas por su mala conducta o simplemente negar que se hayan portado mal en primer lugar. Es importante que los padres ignoren estas excusas y promesas, y lleven a cabo la aplicación de la penitencia independientemente de las súplicas del niño. Cuando los padres ceden ante las manipulaciones del niño, pierden credibilidad, por lo que se les hace aún más difícil aplicarle la penitencia en el futuro.

Algunos niños utilizan tácticas más agresivas que la persuasión verbal para evitar ir al lugar de penitencia. En algunos casos, un niño podrá resistirse físicamente a cumplir el castigo. Cuando esto ocurra, es posible que los padres tengan que utilizar la fuerza física para llevarlo al lugar de penitencia. Pudieran tomar al niño por la muñeca firmemente y llevarlo caminando al lugar de la penitencia, o en otros casos, pudieran cargarlo hasta el sitio indicado. Si ninguna de estas alternativas es posible debido al tamaño del niño, entonces los padres pueden recurrir a la suspensión adicional de algunos de sus privilegios (como por ejemplo, su horario para ver televisión, jugar afuera, etc.), hasta que cumpla la penitencia ordenada.

Otro problema pudiera presentarse una vez que el niño ya esté cumpliendo la penitencia. Algunos tendrán rabietas, gritarán o amenazarán con retirarse antes de que se cumpla el tiempo. En esos casos, los padres deben recordarle firmemente al niño que no se comenzará a contar la penitencia hasta que no se tranquilice. Si el niño continúa portándose mal durante la penitencia, espere a que el niño se haya calmado antes de echar a andar el reloj. No obstante, si el niño da por terminada la penitencia sin permiso, los padres deben ir de inmediato a donde está y decirle:

"¡La penitencia no ha terminado! Si sales antes de que suene el reloj te daré una nalgada!" (El padre le muestra al niño que no está para juegos hablando en voz alta y firme).

Si el niño no le hace caso a la advertencia, los padres pudieran darle una nalgada inmediatamente (no debe propinársele más que una palmada en las nalgas). Los padres que son reacios a dar nalgadas a su hijo pudieran castigarlo más quitándole privilegios adicionales hasta que el tiempo requerido de la penitencia se haya cumplido. Otra alternativa, en el caso de los niños pequeños, es que uno de los padres lo sujete en sus piernas sentado en la silla de penitencia. Esto deberá hacerse sin hablarle o darle ningún tipo de atención. El objetivo de sujetar al niño es simplemente refrenarlo durante la penitencia. Generalmente, a los niños no les gusta estar restringidos a las piernas de un adulto, y después de poner los límites a prueba unas cuántas veces, el niño responderá mejor a la orden inicial de cumplir la penitencia.

La penitencia puede ser un método de castigo eficaz para controlar la mala conducta, sin embargo, debe utilizarse correctamente para obtener los resultados deseados. Recuerde, toma tiempo para que el niño comprenda que mamá y papá hablan en serio cuando le dicen que hay que cumplir la penitencia. A continuación, encontrará algunos errores comunes que cometen los padres cuando aplican la penitencia:

- no utilizar la penitencia inmediatamente después de producirse la mala conducta. La mayoría de los padres cometen el error de advertirle varias veces al niño que debe escuchar o dejar de portarse mal, antes de enviarlo al lugar de penitencia. Es importante que usted actúe rápidamente y aplique la penitencia después de la primera advertencia.
- dejar que el niño los convenza de no aplicar la penitencia.
- hablar excesivamente, discutir o regañar verbalmente al niño mientras lo pone de penitencia.
- permitirle al niño intimidarlos físicamente para que no apliquen la penitencia completa, y
- no utilizar un programa paralelo de refuerzos para reforzar positivamente la conducta correcta.

Recuerde, disciplinar a su hijo toma tiempo y paciencia. Los niños con ADD aprenden a comportarse mejor cuando las consecuencias (tanto los premios como los castigos) se aplican de una manera inmediata y consecuente.

Ahora sírvase completar la hoja de trabajo # 4 para repasar los pasos en la utilización de la penitencia y para practicar su uso como recurso para corregir la mala conducta. No olvide que su hijo puede demorar varios días, y hasta un par de semanas, antes de responder bien a la penitencia. Trate de no desanimarse y aplique de una manera constante los procedimientos de la penitencia. Pudiera ser aconsejable no pasar al Recurso # 5 hasta que no haya practicado la utilización de la penitencia durante algunos días.

Hoja de trabajo # 4: La utilización de la penitencia

Esta hoja de trabajo tiene el objetivo de facilitarle a los padres una práctica estructurada en la utilización de la penitencia para rectificar la mala conducta de su hijo.

1er Paso: Identifique las conductas a modificar

Escriba en los espacios que aparecen abajo las malas conductas específicas a las que usted aplicará la penitencia, así como las conductas adecuadas opuestas que usted reforzará de forma positiva con un refuerzo específico.

Malas conductas que serán castigadas con una penitencia:
Ejemplo : Interrumpir a los padres cuando estén conversando.
1. _____
2. _____

Conductas adecuadas que serán reforzadas:
Ejemplo : Elogiar por no interrumpir.
1. _____
2. _____

2o Paso: Escoja un lugar para la penitencia.

El lugar de la penitencia será _____

3er Paso: Determine la duración de la penitencia.

La penitencia durará_____minutos por cada una de las malas conductas que aparecen más arriba.

4o Paso: Lista de verificación de la aplicación de la penitencia

* Ordenarle inmediatamente al niño que suprima la mala conducta.
* Advertirle que cumplirá una penitencia si no la suprime.
* Enviarlo a cumplir una penitencia si no la suprime.

- Mantenerse firme y amenazar al niño con un castigo adicional si se niega a permanecer en penitencia.
- Exigirle al niño que permanezca en penitencia el tiempo designado (sin descontar tiempo por buena conducta, sin interrupciones para beber algo, etc.).
- Recordarle al niño que una vez que cumpla la penitencia, debe obedecer la orden que se le dio originalmente y que ocasionó el castigo en primer lugar.
- Darle apoyo a su cónyuge en relación con la aplicación de la penitencia si usted se encuentra cerca.
- Utilizar la penitencia más tarde durante el día si la mala conducta vuelve a manifestarse.
- Brindarle al niño un refuerzo positivo mediante elogios o premios para las conductas adecuadas que aparecen en su lista.

5o Paso: Siga de cerca la mala conducta que desea modificar

Este paso exige que usted siga de cerca sus avances. Para cada una de las malas conductas que aparecen en su lista en el 1er paso, anote el número de veces que el niño la haya manifestado durante el día. Recuerde que el niño debe ser enviado a cumplir una penitencia cada vez que no atienda primero su instrucción y luego su advertencia de que suprima la mala conducta. Al seguir de cerca el número de veces que se manifieste cada una de las malas conductas durante un período de cinco días, usted debería poder determinar si la penitencia resulta eficaz para disminuir la mala conducta.

Si la penitencia ha tenido eficacia como recurso para debilitar la mala conducta del niño, entonces la frecuencia con la que se manifieste dicha conducta deberá disminuir gradualmente. Sin embargo, si no está disminuyendo, entonces vuelva a repasar los procedimientos del 4o paso para determinar si usted está utilizando la penitencia correctamente. Si comprueba que sí y que no obstante, la mala conducta aún no ha disminuido, quizás alguno de los otros recursos para rectificar la mala conducta le sea más útil.

Conductas castigadas con penitencia	Dom.	Lun.	Mar.	Miérc.	Juev.	Vier.	Sab.
1._____	___	___	___	___	___	___	___
2._____	___	___	___	___	___	___	___

60

Recurso # 5: Permitirle opciones al niño

A los niños, al igual que a todo el mundo, les gusta tener algún control sobre las condiciones externas que los rodean. Todos queremos tomar nuestras propias decisiones y tener alguna determinación sobre lo que sucede en nuestras vidas. Tener la oportunidad de tomar nuestras propias decisiones es muy importante, aprender a tener buen juicio al tomar esas decisiones es igualmente esencial, y aceptar la responsabilidad por las decisiones que tomamos, sean buenas o malas, es necesario. El recurso de permitir opciones nos ayuda a nosotros, como padres, a rectificar la mala conducta, pero también les permite a nuestros hijos tomar sus propias decisiones en relación con su conducta y les enseña que deben aceptar la responsabilidad de sus opciones.

Permitirles opciones a los niños es parte integral del proceso de educar a los niños e implica mucho más que una simple rectificación de la mala conducta. Es correcto estimular a nuestros hijos a que piensen por ellos mismos y ayudarlos a que encuentren sus propias soluciones a los problemas de su vida cotidiana. Escuchando con atención al niño y estableciendo una comunicación con él en relación con los acontecimientos de su vida, nosotros, como padres, podemos guiarlos en el proceso de tomar decisiones. Los padres también deben mostrar confianza en la capacidad de su hijo para razonar eficazmente y tomar decisiones acertadas por su propia cuenta. Al expresar esta confianza usted le proporciona al niño la satisfacción de saber que cree en él y por supuesto, contribuye de forma positiva a su autoestima.

Podemos extender esta filosofía de estimular al niño a pensar independientemente y encontrar sus propias soluciones a los problemas al área de la rectificación de la mala conducta. ¡El primer paso que deben tomar los padres es decidir de quién es el problema que se necesita solucionar! Por ejemplo, el niño que está contento jugando en la sala con todos los juguetes que posee, pudiera estar pasando un rato maravilloso. El disfruta el hecho de que no se puede divisar ni un centímetro de alfombra bajo todos sus juguetes, y no le podría importar menos que dentro de muy poco tiempo usted recibirá a unos invitados para cenar. En este caso ¿de quién es el problema? ¡Suyo, por supuesto! ¿Se siente molesto el niño por el reguero de juguetes? ¿Le importa para algo que la sala parece como si le hubiera pasado por encima un ciclón? ¿Le importan para algo su nerviosismo y las gotas de sudor que aparecen en su frente? ¡Por supuesto que no! Lo único que a él le interesa es divertirse y pasar un buen rato. Así que, el problema es suyo. ¿Qué cree que va a suceder cuando usted le explique su problema al niño?

Por ejemplo: *"Juanito, esperamos visita para cenar dentro de muy poco. Por favor, recoge tus juguetes para que la casa se vea arreglada."*

61

Si en este momento su hijo decide venir al rescate recogiendo los juguetes, su problema está resuelto. Afortunadamente, esto sucede con suficiente frecuencia como para mantenernos cuerdos. Desafortunadamente, no sucede ni remotamente con la frecuencia que quisiéramos, en particular con un hijo que tiene ADD. Esto se debe a que, en su mayoría, los niños no tienen interés en resolver los problemas de sus padres y no se sienten motivados a actuar a no ser que el problema sea de ellos. ¡Entonces sí nos lo hacen saber!

Por ejemplo, su hijo pudiera decir: *"No es justo. Nunca puedo hacer lo que quiero. Eres tan malo. ¡No tengo por qué escucharte!"*

Una vez que usted haya llegado a la conclusión de que no conducirá a nada continuar con esta conversación, el segundo paso es trasladarle el problema al niño en lugar de guardárselo usted. Esto se logra fácilmente dándole al niño una opción.

Por ejemplo: *"¡Juanito, mírame! ¡Puedes escoger! O recoges este cuarto ahora mismo o tendrás que cumplir una penitencia".*

Al darle al niño una opción entre portarse bien o portarse mal y enfrentarse a las consecuencias, usted le trasladó a él el problema. Ahora él se enfrenta a la decisión de rectificar su mala conducta o sufrir las consecuencias.

Supongamos que el niño decida no rectificar su mala conducta. Le corresponderá al padre dar el tercer paso y llevar a cabo la aplicación de las consecuencias.

Por ejemplo: *"Parece que decidiste cumplir la penitencia. Ahora ve al baño y quédate ahí hasta que suene el timbre".*

A estas alturas los padres deben seguir los procedimientos explicados en la sección sobre la utilización de la penitencia. Sin embargo, pueden utilizar otras consecuencias suplementarias, o en sustitución de la penitencia. Los expertos en la conducta infantil suelen alentar a los padres a que prosigan con la aplicación de consecuencias lógicas o naturales. Las consecuencias lógicas o naturales por la mala conducta son las que ocurrirían de manera razonable y natural, dentro de la situación como resultado de la mala conducta del niño. Por ejemplo, es lógico que se le quiten los juguetes al niño durante un período de tiempo si no los recoge, o en el caso de un niño que no hace la tarea escolar, que no se le permita jugar hasta que no la haga, o cuando los hermanos estén peleando por un juguete, que no se les permita jugar con el mismo hasta que no se comporten correctamente.

Ahora sírvase completar la hoja de trabajo # 5 para adquirir más practica en el uso del recurso de permitir opciones para rectificar la mala conducta. También sería oportuno repasar la hoja de trabajo # 6, Como seleccionar consecuencias lógicas y naturales. Esta hoja de trabajo tiene el objetivo de ayudarlo a identificar y pensar en algunas consecuencias lógicas y naturales que pudieran utilizarse para rectificar malas conductas corrientes, tales como el no prepararse por las mañanas, el no comportarse en la mesa, las rivalidades entre hermanos, la mala conducta en el auto, en lugares públicos como las tiendas o los restaurantes, a la hora de dormir, etc.

Hoja de trabajo # 5: Cómo permitir opciones

Esta hoja de trabajo tiene el objetivo de ayudar a los padres a conocer si es de ellos o de su hijo el problema causado por la conducta inadecuada de éste, así como repasar los pasos para permitirle opciones a su hijo y trasladarle así el problema de la mala conducta al propio niño.

1er Paso: ¿De quién es el problema?

Abajo aparece una lista con varios ejemplos de malas conductas comunes. En el caso que algunas se apliquen a su familia, escriba en la columna la letra que identifique para quién o quiénes (N para Niño, P para padres) la mala conducta suele ser un problema.

Marque
N o P   Mala conducta

_____ 1. El niño no se prepara fácilmente por las mañanas.
_____ 2. El niño lo interrumpe mientras usted está hablando por teléfono.
_____ 3. El niño se niega a hacer las tareas escolares.
_____ 4. El niño no se queda en la cama a la hora de dormir.
_____ 5. Los hermanos discuten.
_____ 6. El niño no se comporta correctamente en la mesa.
_____ 7. El niño no se prepara para llegar a tiempo a la escuela.
_____ 8. El niño no mantiene el cuarto recogido.
_____ 9. El niño no realiza las tareas a tiempo.
_____ 10. El niño no escucha cuando se le dice que se comporte.

Si usted marcó "N" muchas veces, entonces lo está haciendo bien. Significa que cuando su hijo tiene una mala conducta, usted lo hace responsable de su comportamiento. Si marcó "P" con frecuencia, usted es el que tiene el problema y pudiera ser que esté reaccionando con demasiadas amonestaciones, gritos o amenazas, en lugar de devolverle el problema al niño y aplicarle una consecuencia.

Recuerde, los niños se motivan para solucionar sus propios problemas, pero no es probable que le solucionen los suyos. Usted debe devolverle el problema al niño.

2o Paso: Trasladarle el problema al niño

Para trasladarle el problema al niño usted tiene que mantenerse sereno y expresarse de manera asertiva cuando le explique al niño sus opciones. Cada vez que se produzca la mala conducta usted debe decirle con firmeza:

"Tienes una opción. O (explique la conducta adecuada) *tendrás que* (explique la consecuencia).

3er Paso: Aplicar la consecuencia

Si el niño se comporta, bríndele un refuerzo verbal positivo.

Si el niño persiste en la mala conducta, dígale:

"Parece que decidiste hacer _____
así que (explique la consecuencia y aplíquela).

Cuando aplique la consecuencia, ignore cualquier argumento que el niño intente. No responda ante los comentarios verbales que haga el niño y no lo amoneste, regañe, ni le pegue, ni reaccione de otra manera que no sea aplicar la consecuencia, con tranquilidad y eficiencia. Si usted conserva la calma y no se altera, ayudará a su hijo a aceptar con más facilidad las consecuencias de su conducta.

Una vez que haya aplicado la consecuencia, anime al niño a que reflexione sobre su conducta en el futuro y recuérdele que la próxima vez puede optar de otra manera.

Hoja de trabajo # 6: Cómo seleccionar consecuencias lógicas y naturales

La penitencia es una consecuencia eficaz para un número considerable de malas conductas. Sin embargo, algunas veces usted encontrará que las consecuencias lógicas y naturales le darán resultados igualmente buenos o mejores que la penitencia. A continuación, encontrará algunas consecuencias para malas conductas comunes y un recordatorio para reforzar de manera positiva la conducta adecuada. Escriba otras consecuencias para cada mala conducta.

Mala conducta: Dificultad para prepararse por las mañanas.
Consecuencia: Como medida de precaución, ayude al niño a escoger la noche anterior su ropa para la mañana siguiente. Por la mañana despierte al niño más temprano para darle más tiempo que el habitual para prepararse y así usted no se sentirá presionado. Permítale al niño la opción de prepararse a tiempo (utilice un reloj para limitar el tiempo que le ha concedido) o acostarse más temprano esa noche, ya que su mala conducta significaría que necesita dormir más. Refuerce verbalmente o utilice la tabla de etiquetas en el Apéndice A.
Consecuencia:

Mala conducta : Portarse mal en una tienda o un restaurante.
Consecuencia: Permítale al niño la opción de comportarse correctamente o volver al auto (o a un lugar escogido en la tienda para una penitencia) si no se comporta bien porque la mala conducta no se permite en lugares como ese. Si el niño continúa manifestando la mala conducta entonces deberá llevarlo al asiento de atrás del auto (o a un lugar apropiado seleccionado para la penitencia en la tienda, restaurante, etc.) y pararse a poca distancia durante algunos minutos. Si la mala conducta se vuelve a producir no hay mucho más que usted pueda hacer en ese momento, sin embargo, la próxima vez que vaya a salir explíquele al niño que no puede ir debido a su mala conducta en la última salida. Utilice el refuerzo verbal y la tabla de etiquetas.
Consecuencia:

Mala conducta: Portarse mal en la mesa.
Consecuencia: Si el niño comienza a portarse mal, déle a escoger de inmediato entre sentarse y comer correctamente o levantarse de la mesa y cumplir una penitencia durante varios minutos para reflexionar sobre su comportamiento (o retirarse de la mesa por completo). Utilice el refuerzo verbal o la tabla de etiquetas.
Consecuencia:

Mala conducta: Discutir sobre un juego o un juguete.

Consecuencia: Permítale a los niños que escojan entre jugar correctamente y turnarse o explíqueles que usted se verá obligado a retirar el juego o el juguete hasta que estén de acuerdo en compartirlo. Utilice el refuerzo verbal con los niños cuando sea testigo de que están jugando correctamente o utilice la tabla de etiquetas en el Apéndice A cuando se están llevando bien.

Consecuencia:

Mala conducta: No escuchar a la hora de dormir.

Consecuencia: Permítale al niño la opción entre quedarse en la cama con la puerta del cuarto abierta o quedarse en la cama con la puerta parcialmente cerrada. Si el niño abre la puerta parcialmente cerrada, permítale escoger entre quedarse en la cama con el cuarto sólo cerrado parcialmente o con la puerta del cuarto cerrada con llave (sólo por unos minutos con la lamparita de noche encendida en el cuarto). Por lo regular, en ese momento el niño estará de acuerdo en quedarse en el cuarto con la puerta abierta o parcialmente cerrada. Utilice el refuerzo verbal con el niño la mañana siguiente por haberse quedado en el cuarto y coloque una etiqueta en la tabla por su conducta a la hora de dormir.

Consecuencia:

Mala conducta: Portarse mal en el auto.

Consecuencia: Dígale al niño que deje de portarse mal y explíquele que es peligroso conducir cuando se produce la mala conducta. Si el niño no escucha salga de la carretera y déle al niño la opción de comportarse y que usted sigá conduciendo o quedarse en el auto estacionado hasta que suprima la mala conducta. De tiempo en tiempo, refuerce al niño mientras se esté comportando correctamente en el auto y utilice después la tabla de etiquetas en el Apéndice A.

Consecuencia:

Mala conducta: Negarse a realizar las tareas escolares.

Consecuencia: Asegúrese de que el niño sea capaz de hacer las tareas de la escuela. Determine un tiempo y lugar específico para que comience y termine las tareas. Bríndele ayuda si la necesita. Permítale al niño optar entre terminar sus tareas para la hora estipulada o perder algunos privilegios durante parte del día. Verifique el progreso del niño periódicamente mientras esté realizando las tareas y bríndele un refuerzo verbal por la conducta de permanecer en las tareas.

Consecuencia:

Recurso # 6: Cómo utilizar los programas de distintivos

Los programas de distintivos pueden ser muy útiles para rectificar la mala conducta de un niño y alentarlo a manifestar una conducta positiva. Esta sección explica la utilización de dos tipos de programas de distintivos en el hogar que abarcan desde el simple contrato de la tabla de etiquetas (que deberá emplearse junto con el recurso de permitir opciones) para los niños más pequeños hasta un programa más complejo de distintivos en el hogar para los niños mayores y los adolescentes.

En el Apéndice A encontrará varios modelos de contrato de la tabla de etiquetas que los padres pueden utilizar con los niños pequeños para reforzar comportamientos específicos que generalmente le crean problemas a los padres. Estos incluyen: el comportamiento en la mesa, el prepararse por las mañanas, el comportamiento correcto en el auto o en los restaurantes y tiendas, la cooperación con los amigos o hermanos y el escuchar a los padres. Mediante el uso del contrato de la tabla de etiquetas, usted puede incrementar la motivación de su hijo para que manifieste una conducta más positiva. Sin embargo, es importante que no trate de rectificar demasiadas conductas de una sola vez ya que podría terminar con una casa llena de tablas de etiquetas y las mismas perderían rápidamente su valor ante los ojos del niño.

Usted puede aumentar el significado de las etiquetas para su hijo llenando el contrato en cada una de las tablas. De esta manera el niño podrá intercambiar las etiquetas ganadas por una recompensa una vez que haya obtenido un cierto número de ellas. Sin embargo, por las manifestaciones de mala conducta, según se define en el contrato, el niño tendrá también que aceptar la consecuencia prevista. Para su comodidad hemos redactado parcialmente los contratos que aparecen en cada tabla de etiquetas.

Contrato de la Tabla de Etiquetas

Recibirás una etiqueta cada vez que

_____

Pero si te portas mal,_____

_____ .

Cuando tengas _____ etiquetas en tu tabla,

podrás _____ .

Para los niños mayores, desde los nueve años en adelante, recomendamos los programas más sofisticados de distintivos, como el programa de distintivos en el hogar, que se describe a continuación. En el mismo se utiliza un sistema de puntos para motivar la conducta positiva. Aunque los puntos de por sí puedan tener un valor como refuerzo, su valor fundamental estriba en que pueden ser intercambiados por otros refuerzos, tales como privilegios, juegos, tiempo en el teléfono, etc. El primer paso que los padres deben tomar al establecer un programa de distintivos con el niño es el de seleccionar varias conductas que quisieran que el niño manifestara con más frecuencia. Estas conductas se deben explicar con claridad y precisión, evitando así la confusión y la ambigüedad. Las descripciones de las conductas que se limitan a frases como: "actúa bien" o "se comporta bien" no son lo suficientemente precisas.

El segundo paso que se debe tomar al establecer un programa de distintivos es el de elaborar un menú de refuerzos que contenga artículos o privilegios que el niño estaría ansioso por intercambiar por los puntos que gane al manifestar las conductas deseadas. Los padres fijan una tasa de cambio razonable y la conversan con el niño. Luego que los padres y el niño hayan acordado las conductas, los puntos y los premios que se incluirán en el programa, la tabla debe llenarse (como en el ejemplo más adelante).

El tercer paso que se debe tener en cuenta cuando se establece un programa de distintivos es el de aplicarlo correctamente. Los puntos se deben otorgar inmediatamente después de manifestarse la conducta deseada. Si el niño no manifiesta la conducta correcta que aparece en la lista, los padres no deben amonestar ni criticarlo, sino solamente señalar de una manera sistemática que el niño no se ganará puntos por esa conducta ese día.

"Estás peleando con tu hermana, así que hoy no puedes recibir puntos por no pelear."

Además, es importante que los padres sean razonables al establecer una tasa justa para el intercambio de privilegios por puntos. No deben permitirle al niño recibir "adelantos", tomando puntos prestados en base a la promesa de una conducta positiva en el futuro, ni tampoco se le debe negar al niño un privilegio si se ganó los puntos debidamente. El programa debe tratarse como un contrato, donde ambas partes tratan de cumplir sinceramente sus respectivos acuerdos.

Más adelante encontrará un ejemplo de programa de distintivos en el hogar, apropiado para los niños de siete años y más. Hay espacio para cuatro conductas deseadas, junto con el correspondiente valor en puntos que se asigne a cada una. Es recomendable que al iniciar el programa con niños pequeños por primera vez, se comience con sólo una o dos conductas para que los niños se acostumbren al sistema de puntos y al concepto de intercambiarlos por privilegios o premios del menú. Copias adicionales en blanco del programa de distintivos pueden encontrarse en el Apéndice A.

Ejemplo de un programa de distintivos en el hogar

Nombre ___*Julia*___ Fecha ___*8/2/94*___

CONDUCTAS QUE GANAN PUNTOS	VALOR EN PUNTOS	PUNTOS GANADOS CADA DIA						
		LUN	MAR	MIERC	JUEV	VIER	SAB	DOM
Hace la tarea después de la escuela	5	5	0	5	5	0	0	0
Hace la cama y limpia el cuarto por la mañana	5	5	5	0	0	5	5	5
Comparte y juega muy bien con la hermana	5	5	5	5	5	5	5	5
TOTAL DE PUNTOS		15	10	10	10	10	10	10

Menu

Juega con el padre = ___10___ Puntos

Se retira a acostarse a las 8:00 p.m. = ___15___ Puntos

Ve televisión durante 2 horas = ___15___ Puntos

El ejemplo de un programa de distintivos en el hogar que aparece a continuación puede utilizarse con los adolescentes. En este programa los jóvenes tienen la oportunidad de ganar puntos por una conducta deseada pero también corren el riesgo de perder puntos por un comportamiento inadecuado. Copias adicionales en blanco de este Programa de Distintivos en el Hogar se encuentran en el Apéndice A.

70

Programa de Distintivos en el Hogar

Nombre _____ José _____ Fecha _____ 8/2/94 _____

CONDUCTAS QUE GANAN PUNTOS	VALOR EN PUNTOS	PUNTOS GANADOS CADA DIA						
		LUN	MAR	MIERC	JUEV	VIER	SAB	DOM
Limpia el cuarto	+ 5	5	5	5	0	5	5	5
Hace la tarea al regresar de la escuela	+ 5	5	0	5	0	5	0	0
Pone la mesa	+ 5	5	5	5	5	5	5	5
Limpia la casa con la aspiradora	+ 10	0	10	0	10	0	10	10
CONDUCTAS QUE PIERDEN PUNTOS	PUNTOS PERDIDOS CADA DIA							
Pelea con el hermano	- 10	0	- 10	0	- 10	0	0	0
Dice palabras obscenas	- 10	0	0	0	- 10	0	0	- 10
PUNTOS GANADOS ESTE DIA		15	10	15	- 5	15	20	10
SALDO DE AYER	20	20	35	30	45	25	25	5
NUEVO SALDO DE HOY		35	45	45	40	40	45	15

Estipendo adicional ($5.00) _____ = _____ 75 _____ Puntos

Ir al cine el sábado _____ = _____ 40 _____ Puntos

Acostarse más tarde (1 hora) _____ = _____ 15 _____ Puntos

Capítulo Seis
Cómo ayudar a los niños con el trastorno de bajo nivel de atención a tener éxito en la escuela

Los padres de los niños con ADD suelen preocuparse mucho por el rendimiento escolar de su hijo. Los maestros informan con frecuencia que los problemas de la falta de atención, distracción, conducta desordenada y pobre capacidad de audición son típicos de los estudiantes con ADD, desde la etapa escolar hasta la secundaria. No obstante, las características de los alumnos con ADD se transforman a medida que los niños crecen y las demandas de la escuela cambian.

El niño preescolar con ADD

Por lo general, cuando un niño preescolar presenta algún problema sus padres son notificados con bastante rapidez. Es usual que los preescolares con ADD tengan dificultad para ejercer el autocontrol y que manifiesten una hiperactividad e impulsividad tan severa que su control en un aula sea difícil. Algunas veces, actúan de una manera agresiva con otros niños pequeños ya que les es difícil compartir y jugar en forma colectiva. Los padres de preescolares hiperactivos no se sorprenden cuando el maestro les solicita ayuda. Es muy probable que, como padres, ellos hayan tenido que soportar las mismas frustraciones en la educación de su hijo en la casa como las que confronta el maestro en la escuela.

Los padres y los maestros de preescolares hiperactivos han encontrado que los métodos típicos de disciplina, tales como la penitencia, el refuerzo positivo y el castigo no tienen tan buenos resultados con el niño hiperactivo como con otros preescolares. La inmadurez y la falta de regulación interna del niño impiden un control eficaz de su conducta, aún cuando existan promesas de recompensas inmediatas o amenazas de castigos. Es frecuente que los padres de un niño preescolar hiperactivo, que también presente síntomas de agresividad, se vean obligados a retirar a su hijo del jardín infantil, sólo para terminar en una búsqueda desesperada de otra escuela que pueda controlar la conducta de su hijo. Estos lugares son escasos y muchas veces los padres se apoyan en la buena voluntad de otro director o maestro preescolar que esté dispuesto a darle una segunda (o tercera) oportunidad a su hijo.

El alumno de la primaria con ADD

La mayoría de los niños hiperactivos, así como los que tienen ADD pero que no son hiperactivos, serán considerados como casos de ADD durante los primeros años de la primaria. Con frecuencia los maestros de kindergarten le informarán a los padres que su hijo no está preparado para pasar al primer grado junto con los otros miembros de su clase. Muchos quedan retenidos en el primer grado en la esperanza de que madurarán con el tiempo y serán menos tontos, impulsivos, hiperactivos, etc. No obstante, la mayoría no cambia, aún después de un año adicional, y sigue teniendo dificultades durante toda la primaria. Sus problemas en la escuela pueden mejorar o deteriorar de un año al otro dependiendo, en cierta medida, del método de enseñanza y la actitud de un maestro determinado. Sin embargo, a medida que las exigencias de rendimiento académico se vayan incrementando en la escuela de grado en grado, los problemas del niño con ADD en la primaria pueden multiplicarse.

A medida que aumente en la escuela la cantidad de trabajo que exige una mayor concentración, organización y motivación, los síntomas de bajo nivel de atención pueden volverse más marcados. Esto es particularmente cierto en el caso de los niños con ADD, predominantemente si pertenecen al tipo distraído. Como estos niños son mucho más tranquilos que sus pares hiperactivos, es frecuente que en los primeros años de primaria su problema pase inadvertido. Sin embargo, en los grados intermedios de la primaria comienzan a destacarse como alumnos excesivamente distraídos, pasivos, desorganizados, etc. Además de tener problemas con la capacidad de atención y la agudeza, los estudiantes con ADD que no son hiperactivos son más propensos a presentar otros problemas de aprendizaje que pueden afectar su aptitud para adquirir habilidad en la lectura, la matemática y el lenguaje escrito, indicando la presencia de un problema de aprendizaje, quizás una incapacidad para el aprendizaje. Estos se encuentran en el 25% de los niños con ADD (sean o no hiperactivos).

Al niño con ADD que no puede atender las instrucciones del maestro le puede resultar difícil iniciar sus deberes y los trabajos sin terminar tenderán a acumularse con rapidez. Para los que tienen problemas en organizarse, el simple hecho de tener que encontrar papeles y lápices con

73

que escribir, o el libro que deben utilizar, siempre y cuando encuentren la tarea que deben realizar, puede convertirse en una labor complicada que no debe subestimarse.

Los padres de niños en primaria conocen bien las peleas que pueden suscitarse por las tareas escolares. Los numerosos pasos que requiere la realización de una tarea (por ejemplo, apuntar en el aula la tarea a realizar en la casa, traer a la casa los libros apropiados, sentarse después de la escuela para concentrarse en la tarea, colocar la tarea terminada en el lugar apropiado, recordarse de llevarla a la escuela al día siguiente, sacarla y entregársela al maestro) pueden ser un reto para la capacidad de organización y atención de un niño con ADD.

En los niveles más avanzados de la primaria, la socialización adquiere mayor importancia para el estudiante. Los estudios sobre la conducta social de los niños con ADD, particularmente los que son hiperactivos, indican que suelen caerle mal a sus compañeros de clase debido a su conducta a menudo dominante, desordenada e inmadura. No saben interpretar las señas que dan los demás y son demasiado impertinentes en sus relaciones con los demás niños, ignorando las costumbres sociales, tales como el esperar su turno, ser modesto en relación con uno mismo, compartir durante una actividad, etc. Los otros niños adquieren estas habilidades de forma natural durante la primaria, pero los niños con ADD no las practican lo suficiente.

La frustración académica y el fracaso repetido, el rechazo social y la crítica de maestros y padres durante los años de primaria pueden hacer que el niño desarrolle problemas de autoestima, ansiedad o depresión. Frustrados por su falta de éxito, los niños con ADD pueden irritarse y volverse resentidos fácilmente, y muchos comienzan la secundaria desalentados y con falta de confianza en sí mismos.

El alumno de la secundaria con ADD

Lamentablemente, los problemas asociados con ADD no terminan cuando un niño llega a la adolescencia. Muchos estudiantes con ADD siguen confrontando problemas cuando ingresan en la enseñanza media o el bachillerato. Aunque la calidad de los síntomas relacionados con ADD sufre algún cambio durante estos años, las dificultades con la capacidad de atención, la organización y el autocontrol pueden persistir. Los adolescentes con ADD generalmente hacen sus tareas con demasiada rapidez dándole poca importancia a que sus trabajos escolares sean ordenados, precisos o completos. Se cansan con facilidad y las tareas que apenas toleraban en los grados anteriores, se tornan sumamente aburridas e irrelevantes en la mente del adolescente con ADD que se interesa en cosas más emocionantes tales como las citas, los autos, etc.

Las exigencias que enfrentan los estudiantes de enseñanza media y de bachillerato son mayores, ya que tienen que lidiar con más maestros, entregar más trabajos y organizar más actividades. Los horarios de clases pueden variar de un día al otro. Proyectos de largo plazo tienen que balancearse con tareas de corto plazo para poderlos terminar a tiempo. Se pone cada vez más énfasis en las pruebas, y los alumnos tienen que utilizar buenos hábitos de estudio para ir preparados a sus clases. Se requieren más lectura, anotaciones en la clase y estudio para vencer los capítulos de los libros de texto con rapidez, comprensión y retentiva adecuada. Estas demandas requieren concentración, tenacidad y persistencia, pero para muchos adolescentes, y en particular para los que tienen ADD, el estado anímico del momento se antepone con demasiada frecuencia al trabajo de la escuela.

Los adolescentes que de niños fueron diagnosticados con ADD, por lo general rechazan el diagnóstico cuando llegan al bachillerato. Al igual que sucede con los adolescentes que tienen diabetes, asma o cualquier otro padecimiento crónico, un sentido de invulnerabilidad puede desarrollarse y niegan estar enfermos o tener un problema. Algunos se resisten más a tomar medicamentos para tratar su condición y rechazan la ayuda de los padres o maestros.

Para complicar aún más la situación, en la enseñanza media y el bachillerato un maestro puede tener hasta 200 o más alumnos a su cargo y por lo regular no tiene el tiempo para conocer las necesidades especiales de los estudiantes individuales. Es usual que el niño con ADD se convierta en sólo una cara más y que el maestro ignore por completo los motivos por los cuales el alumno presenta un problema.

Los adolescentes con ADD se enfrentan a muchas exigencias, entre ellas:

- Planificar proyectos a largo plazo
- Desarrollar hábitos de estudio
- Organizar actividades
- Horarios de clases variados
- Equilibrar la vida social con las exigencias escolares

Principios eficaces para la enseñanza de estudiantes con ADD

En los últimos tiempos se ha escrito mucho sobre los tipos de programas educacionales que pudieran ser más beneficiosos para los alumnos con ADD, o las características del maestro que pudieran ayudar a los niños con ADD a tener un mejor rendimiento escolar. Aunque no hay dos estudiantes con ADD que sean iguales y necesiten precisamente el mismo tipo de ambiente de aprendizaje, existen algunos principios generales que parecería ser lógico seguir al enseñar a los niños con ADD.

Mantenga orden en el aula

Los maestros deben esforzarse por mantener el orden y la rutina en su aula. Es conveniente que los maestros le fijen al niño hiperactivo límites bien definidos en el aula y que los padres le inculquen expectativas similares sobre la conducta escolar cuando esté en el hogar.

Al tener las reglas del aula bien definidas, los maestros comunican sus expectativas en relación con la conducta y el desempeño del alumno. Sin embargo, para que surtan efecto, las reglas deben aplicarse de una manera consecuente. La maestra debe elogiar los esfuerzos del estudiante por obedecer las reglas del aula, y sus logros en la escuela deben comunicarse a los padres en la casa para un refuerzo adicional.

También se puede promover el orden en el aula cuando existen rutinas establecidas para realizar tareas repetitivas. Los procedimientos para comenzar el día escolar, entregar y recoger papeles, asignar deberes, verificar las tareas hechas en la casa y en el aula, ponerse en fila, retirarse, etc., ayudan a que la clase sea más predecible y permiten que el alumno desarrolle hábitos de buena conducta. Las rutinas también son importantes en la casa. Los padres deben trabajar con su hijo para establecer hábitos de estudio adecuados que incluyan rutinas para hacer las tareas escolares en la casa, organizar los materiales escolares, prepararse para ir a la escuela por las mañanas, etc.

Inculque la organización y la fijación de metas

Los maestros deben alentar a los estudiantes con ADD a ser organizados aunque les sea difícil lograrlo. Dirigir a los alumnos con problemas organizativos a ordenar diariamente sus pertenencias y su área de trabajo, y verificar si sus escritorios están limpios para estimular la limpieza y el orden pueden ser una gran ayuda para el niño cuya área de trabajo se parecería a la escena de un desastre si se dejara sin atender durante más de un día. Al inculcar la organización, es importante tener una actitud positiva y ajustar las expectativas a un nivel donde el estudiante pueda tener algunos logros. Esté alerta a los pequeños indicios de mejoría en la forma en que el estudiante mantiene su pupitre, maleta de libros, etc. y muéstrele aprobación cuando logre mejorías. El refuerzo positivo frecuente, especialmente al inicio, lo motivará a dedicar más tiempo en el arreglo de sus trabajos y útiles.

Se deben establecer pautas similares para la limpieza y la organización en el hogar. Los maestros deben pedirles a los padres que cooperen en inculcarle organización al niño, dedicándole algún tiempo para asegurar que esté organizado. Sería injusto esperar que un hijo mantenga un pupitre ordenado en la escuela si nunca se le da la responsabilidad de mantener un cuarto limpio, una maleta de libros organizada, etc. en la casa. Además, los padres deben esforzarse a dar buen ejemplo de la organización ellos mismos. Algunos niños aprenden a ser desorganizados por imitación.

Los niños con ADD muchas veces tienen dificultad para fijarse metas y realizar las tareas, especialmente los proyectos a largo plazo. Los resúmenes de libros, proyectos científicos, trabajos de curso, y otros proyectos de múltiples pasos y a largo plazo, pueden significar un reto para el estudiante y un dolor de cabeza para sus padres. Es muy probable que necesiten ayuda de los padres y maestros en la fijación de metas realistas para completar proyectos. Dividir los proyectos en tareas más pequeñas y establecer una fecha de terminación para cada una de ellas agobia menos al estudiante y aumentará las posibilidades de éxito en cada fase. Los maestros y padres deben intercambiar opiniones con frecuencia en cuanto a los progresos del estudiante y deben proporcionarle elogios y estímulos abundantes.

Modifique la presentación de las lecciones y las tareas

Al comprender que los estudiantes con ADD tienen dificultad en prestar atención y pierden rápidamente el interés en las tareas, los maestros deben hacer esfuerzos adicionales por modificar su estilo de enseñanza para adaptarlo a las necesidades de estos estudiantes. Antes de presentar una lección, el maestro debe asegurarse de que tiene la atención de toda la clase y debe tratar de mirarles a los ojos a los estudiantes que tienen dificultad en prestar atención. Puede ser de gran ayuda presentarle la lección al alumno de una manera significativa, quizás vinculándola a algún tema que sea de su interés, refiriéndose a él por su nombre a medida que se presente la lección y ofreciendo aprobación en los momentos apropiados.

Los maestros deben tratar de ajustar las tareas a la capacidad de atención del estudiante con ADD y no sólo hacia su nivel de habilidad. Aunque a los estudiantes con ADD a veces les cuesta iniciar las tareas, casi siempre tienen dificultad para terminarlas. Concluir lo empezado es importante para todos nosotros y un trabajo bien hecho produce satisfacción. ¿Cómo puede sentirse bien consigo mismo un niño que siempre está "terminando" su trabajo y tratando de alcanzar a los demás de su clase? Los maestros pueden adecuar las tareas a la capacidad limitada de atención del niño con ADD acortándolas y permitiéndole al niño más tiempo para terminarlas si es necesario, dándole descansos durante un período de trabajo largo, o alentándole a continuar con la tarea.

Los padres pudieran encontrar que estas mismas estrategias sirven también en el hogar. Si le es difícil a su hijo terminar la tarea de una sola vez, divídala en pequeñas porciones de tiempo y ponga un reloj para controlar los períodos de trabajo. Utilice incentivos, tales como el ganarse un futuro tiempo para jugar o para ver televisión basado en la cantidad de trabajo terminado o el esfuerzo desplegado.

Utilice la atención del maestro como estímulo

Los maestros deben diseñar sus aulas y planificar las lecciones pensando en la motivación. Las aulas que cuenten con centros de interés llenos de ideas que estimulen las mentes creativas y con maestros entusiastas que mantengan esas mentes ocupadas son las que dan mejores resultados para los alumnos con ADD. Utilice las experiencias personales del niño durante las clases para que la lección se asimile mejor. Averigüe cuáles son los intereses del niño y proceda a partir de ahí. Las computadoras pueden incrementar la motivación y la atención hacia la tarea en cuestión. Los maestros pudieran comprobar que los materiales de estudio que utilizan la computadora mantienen mejor el interés del alumno con ADD. Los gráficos de coloridos, el aprendizaje interactivo y la evaluación inmediata de las respuestas obran como imanes para atraer la atención. Los maestros también pueden utilizar el tiempo en la computadora como un refuerzo por la buena conducta y por el trabajo durante las horas de clase.

Siente al estudiante cerca del maestro

Los estudiantes con ADD deben sentarse cerca de otro alumno que sirva de buen ejemplo o cerca del maestro para que el mismo pueda incitarlos a mantenerse en la tarea. Evite sentar a los estudiantes con ADD cerca uno del otro, de las ventanas, los murales o las áreas del aula donde estén más expuestos a las distracciones.

Planifique las transiciones de antemano

Los alumnos y los maestros pasan una buena parte del día en transición. Estos son generalmente momentos difíciles para los estudiantes con ADD debido a sus problemas de desorganización e impulsividad y les cuesta tranquilizarse y reunir sus cosas para pasar a una nueva actividad. Para estos alumnos es particularmente difícil la transición de una actividad no estructurada, como por ejemplo, la educación física, el almuerzo, etc., a una que los obliga a ejercer el autocontrol y trabajar tranquilamente. Para ayudarlos en las transiciones, el maestro deberá:

- Establecer reglas para las transiciones, como por ejemplo, recoger los materiales que se necesiten, moverse en silencio, mantener las manos y los pies tranquilos, prepararse para la próxima actividad.
- Repasar las reglas de transición con la clase hasta que se establezca una rutina.
- Supervisar a los estudiantes de cerca durante los momentos de transición.
- Hacerle comentarios de manera inmediata y consecuente a los estudiantes que manejan bien las transiciones.
- Establecer límites de tiempo para las transiciones, como por ejemplo, tratar de completar una transición en tres minutos, etc.

Identifique los puntos fuertes del estudiante

Los estudiantes con ADD muchas veces desarrollan problemas con la autoestima debido al bajo rendimiento escolar. Los maestros pueden ejercer una gran influencia en la percepción que el estudiante tenga de sí mismo y como todos los maestros saben, establecer una relación positiva entre el maestro y el alumno es esencial, tanto para facilitar el aprendizaje como para alentar el desarrollo de una autoestima positiva en el alumno. Esta relación debe basarse en el afecto, la comprensión, el respeto y la ayuda. Además de reforzar una autoestima débil, el tener el aprecio positivo de un maestro animará al estudiante a esforzarse más en su trabajo, tanto para complacer a su maestro como para su propia satisfacción.

Los maestros deben buscar los terrenos en los que el estudiante con ADD puede sobresalir y aportar a los demás. Estas "islas de capacidad", como ya se ha señalado, pueden convertirse en una importante fuente de orgullo y responsabilidad para el estudiante. El alumno que pueda verse en el papel de un contribuyente positivo a su clase o escuela tiene muchas más probabilidades de desarrollar una opinión positiva de sí mismo que el alumno que piensa que no puede ofrecer nada.

Los pequeños logros pueden hacer una gran diferencia en este aspecto. Encuentre las responsabilidades que el alumno pueda asumir y ayúdelo a establecer un sentido de importancia en relación con el "trabajo" que esté haciendo. Los maestros han utilizado esta técnica durante años para ayudar a los estudiantes a tener una buena opinión de ellos mismos. Para el niño con ADD, que recibe tantas críticas, la oportunidad de ganarse la aprobación puede ser de gran importancia.

Utilice órdenes, advertencias y consecuencias eficaces para mejorar la obediencia

Puesto que los estudiantes con ADD generalmente muestran un nivel de desobediencia y distracción más alto, es importante que los maestros emitan las órdenes de una manera que favorezca las probabilidades de obediencia por parte del estudiante. Las indicaciones que son específicas, breves y que se le repiten una sola vez al niño tienen más probabilidades de ser acatadas que las órdenes que son: ambiguas (por ejemplo, ¡Haz lo que debes!); expresadas en forma de preguntas (por ejemplo, ¿Es eso lo que debes hacer?); verbosas (por ejemplo, ¡Si no haces lo que debes hacer y no comiences a hacer la tarea, molestarás a todo el mundo y nunca terminarás a tiempo para almorzar!); o repetidas una y otra vez.

Quizás una sóla orden no sea lo suficiente para que un estudiante haga lo que le digan. Pudiera ser necesario dar una advertencia inmediatamente después y a continuación una consecuencia para que el estudiante comprenda que el maestro habla en serio. Las consecuencias que siguen a la desobediencia deben tener el propósito de enseñarle al niño a obedecer en el futuro y no tienen por qué ser demasiado severas o punitivas. Las consecuencias moderadas pueden dar el mismo resultado que las más severas. Un privilegio favorito que se pierde, la penitencia, un trabajo adicional, una nota a los padres, etc. son todas consecuencias razonables para la mayoría de los casos de desobediencia. Los actos de desobediencia que se repiten pudieran manejarse más efectivamente con un programa de modificación de la conducta que se explica más adelante. Cuando apliquen una consecuencia, los maestros deben evitar mostrar disgusto o emoción, puesto que esto pudiera proporcionarle alguna satisfacción al niño y producir una conducta negativa adicional. Cada vez que sea posible, las consecuencias se deberán aplicar de una manera serena pero firme y eficiente.

Cuando se trabaje con un estudiante para disminuir una conducta desobediente, el maestro deberá estar atento a cualquier indicio de cooperación que observe y deberá responder con aprobación, elogios y ocasionalmente con refuerzos tangibles, como por ejemplo, la obtención de un privilegio. Al incrementar la cantidad de atención positiva que recibe el niño, el maestro estimula al estudiante a hacer un mayor esfuerzo para obedecer.

Enseñe la autocomprobación

La autocomprobación es un método mediante el cual se puede enseñar a los estudiantes a prestar atención a su conducta y a evaluar su propio comportamiento, con lo cual se favorece un mayor autocontrol. Este método requiere que el estudiante actúe como observador de su propia conducta y anote sus observaciones. Se ha utilizado en el aula para ayudar a los niños a prestar atención, terminar las tareas académicas, mejorar la agilidad en el rendimiento escolar, controlar la conducta, etc. Este enfoque es popular entre los maestros porque el propio alumno lo aplica y consume muy poco tiempo al maestro.

Se han publicado numerosos programas de autocomprobación para ayudar a los estudiantes con ADD a atender mejor en la clase. El Programa de Escuchar, Mirar y Pensar (Parker, 1990) utiliza una cinta continua de grabación que emite un sonido cada cierto tiempo para estimular al alumno a prestar atención a los deberes. El estudiante hace una marca en una planilla para indicar si estaba atendiendo cuando sonó la señal. Otras modalidades de autocomprobación se han desarrollado para alentarlo a trabajar ordenadamente, utilizar un comportamiento social correcto con otros niños, levantar la mano antes de hablar, etc. El Programa ADAPT (Parker; 1992) contiene varios modelos de autocomprobación que se pueden utilizar con los niños de la primaria.

Los padres como defensores

Todos los padres de un niño con ADD deben actuar como defensores de su hijo en la escuela. Si usted no defiende a su hijo y asegura que está recibiendo una educación adecuada, ¿quién lo hará? Como defensor tendrá que conocer las leyes que se redactaron para garantizar que su hijo reciba una educación gratuita y apropiada. También tendrá que conocer cómo funcionan los sistemas escolares y lo que usted, como defensor de su hijo, pueda hacer para lograr los cambios que beneficiarán a su hijo.

Los derechos legales de su hijo

En los EE.UU. recibir una educación apropiada es un derecho, no un favor. Leyes como la Ley de Rehabilitación de 1973 y la Ley sobre la Educación de los Individuos con Impedimentos (IDEA), antiguamente la Ley sobre la Educación para Todos los Niños con Impedimentos de 1975 (EHA), existen en nuestro país para proteger de la discriminación a los que tengan impedimentos y para mejorar los servicios de educación y de otro tipo que reciban. Garantizan que las personas impedidas, independientemente de la naturaleza y gravedad de su impedimento, reciban sin costo alguno una educación pública adecuada y que sean educados junto a estudiantes sin impedimentos hasta el máximo de las posibilidades que correspondan a sus necesidades. Se estipula y declara además, que las agencias de educación, estatales y locales, deben tomar medidas para identificar y localizar a todos los niños impedidos que no estén recibiendo estos servicios, y que deben evaluarlos para evitar una educación inadecuada debido a una mala clasificación. Las leyes también requieren que se establezcan garantías procesales para permitirle a los padres y maestros a expresarse activamente en relación con la valoración y colocación de sus hijos en los programas educacionales.

IDEA y la Sección 504 garantizan que los niños con el trastorno de bajo nivel de atención tengan el derecho a recibir gratuitamente una educación adecuada y que sus padres tengan el derecho a participar en el proceso educativo para asegurar que su hijo reciba los servicios a los que tiene derecho. Si el proceso educacional no funciona para su hijo, entonces le corresponde a usted asegurar que estas garantías se cumplan. Si usted compró un equipo estereofónico y el mismo no funciona, puede utilizar la garantía del fabricante o vendedor del producto para iniciar una reclamación. Usted regresaría con la prueba de su compra y tendrían que repararlo, reemplazarlo con otro, o devolverle su dinero. Usted no esperaría a que la compañía lo llamara para saber si le gustó su producto. Usted no se quedaría sentado y se pondría a quejarse sin hacer nada. De ninguna manera. Usted actuaría. Lo mismo sucede con la garantía que usted tiene acerca de la educación de su hijo. Si usted considera que su hijo no recibe una educación adecuada, puede utilizar sus garantías (las leyes) para asegurar que la escuela averigüe si existe un problema y le proporcione la solución correcta (programa o servicios) a su hijo. Sin embargo, depende de usted asegurar que estas leyes se implementen correctamente. Las escuela de su hijo le hará una parte del trabajo, pero al final son los padres los que tienen que controlar el proceso educacional de su hijo. Los padres pueden convertirse en buenos defensores de su hijo en la escuela si comprenden sus derechos legales y están dispuestos a expresar sus preocupaciones a la escuela cuando el proceso educacional no funcione para su hijo.

Gracias a los cambios de política al nivel federal, los niños con ADD tendrán mejor oportunidad de recibir una educación pública gratuita y adecuada. Hay menos probabilidades de que los administradores y maestros de la escuela lo miren como si usted estuviera mal de la cabeza cuando les diga que su hijo tiene ADD y necesita ayuda. En realidad, si su hijo tiene un problema en la escuela que sugiere que pudiera necesitar de una educación especial o de servicios relacionados, la escuela está obligada a valorar al niño (sin costo alguno para los padres) para determinar si debe recibir esos servicios. Cada vez más son las escuelas las que identifican este problema y avisan a los padres sobre el mismo. Muchos distritos escolares ofrecen entrenamiento interno sobre el ADD a los maestros, el personal de asesoramiento y los administradores. Los padres ya no tienen que sentirse sólos e impotentes para asegurarle una educación adecuada a su hijo con ADD.

El maestro de un niño con ADD tampoco debe sentirse que toda la responsabilidad de garantizar que el niño se desarrolle bien en la escuela es suya. Muchos distritos escolares, conscientes de que el maestro del aula de educación regular pudiera no tener el tiempo o el entrenamiento para satisfacer las necesidades de los estudiantes con ADD, han desarrollado procedimientos para ayudar a estos maestros. Estos distritos escolares recurren al uso de equipos para encontrar soluciones que beneficien a los estudiantes con necesidades especiales. Con frecuencia estos equipos están integrados por el maestro de educación regular, un psicólogo o consejero escolar y un educador especial, pero también se pueden incluir expertos en el campo del trastorno de bajo nivel de atención o de otros impedimentos, especialistas en el control de la conducta, médicos, psicólogos, trabajadores sociales, consejeros familiares, especialistas en la lectura, etc. Los miembros del equipo se reúnen para valorar el desempeño del estudiante en la escuela e identificar las necesidades educacionales específicas que pueda tener el niño. El equipo hace entonces recomendaciones al maestro del aula; a otros miembros del personal escolar y a los padres. Si el equipo determina que el alumno está lo suficientemente impedido como resultado de un trastorno de bajo nivel de atención, pudiera escribir un plan de acomodamiento #504 para el alumno e instruirle al maestro a que implemente ciertas acomodaciones en el aula para ayudarlo. A pesar de que su uso es sencillo, estas acomodaciones pueden ser muy eficaces para producir los cambios deseados en el desempeño del estudiante. Por lo general, uno de los miembros del equipo es designado para el papel de administrador del caso. El administrador del caso tiene la responsabilidad de seguir al estudiante y estar al tanto de las decisiones del equipo, así como de los resultados logrados con las intervenciones y los procedimientos utilizados. En la página siguiente aparece una relación de las acomodaciones que han mostrado ser beneficiosas para los estudiantes con ADD.

Algunos estudiantes con ADD pudieran necesitar más ayuda en la escuela que la que se puede obtener en la educación regular sola. El equipo puede decidir si estos alumnos requieren más valoraciones para determinar si necesitan la educación especial y los servicios afines. Los estudiantes con ADD pueden recibir estos servicios dentro de la categoría de educación especial de "otros impedimentos de salud" sólo si tienen un trastorno de bajo nivel de atención, y también son candidatos para recibir los servicios de educación especial si su condición cumple los criterios aplicados a otras categorías de impedimentos, como por ejemplo, "una dificultad específica de aprendizaje" o "serios trastornos emocionales", etc. En ese caso, se elaborará un plan educacional individualizado (IEP) para responder a las necesidades educacionales del niño.

Efectos de los medicamentos sobre la conducta y el aprendizaje

Es bastante común que se receten medicamentos específicos para ayudar a controlar la conducta y la capacidad de atención del niño con ADD. Para muchos profesionales, el control médico del bajo nivel de atención es una parte esencial del plan de tratamiento. Como ya se ha indicado, el uso de los medicamentos en el tratamiento de la hiperactividad tiene una larga historia, que se remonta a casi cuarenta años, cuando se recetó la Benzedrina por primera vez a los niños con problemas de atención. Desde entonces, éste y otros medicamentos generalmente clasificados como psicoestimulantes, fundamentalmente, el Ritalín, la Dexedrina y el Cylert, han demostrado su eficacia en el mejoramiento de los síntomas básicos en aproximadamente el 70% de los niños afectados. Estudios de control realizados con estos medicamentos y su relación con la adaptación en el aula indican que la conducta agresiva y vaga disminuye, a la vez que aumenta en el aula el comportamiento orientado hacia una meta y centrado en

ADAPTE

La adaptaciones ayudan a los estudiantes con el Trastorno de Bajo Nivel de Atención

Los niños y jóvenes con el trastorno de bajo nivel de atención (ADD) muchas veces confrontan serios problemas en la escuela. La distracción, impulsividad, hiperactividad, desorganización y otras dificultades pueden conducir a tareas no terminadas, errores de descuido y una conducta desordenada que lo perjudica a uno mismo y a los demás. Mediante la implementación de adaptaciones sencillas y poco complicadas, los maestros en el ambiente del aula o en el estilo de enseñar, pueden adaptarse a los puntos fuertes y débiles de los alumnos con ADD. Pequeños cambios en la forma en que un maestro se acerca a un alumno con ADD o en lo que el maestro espera, pueden transformar un año de pérdidas en uno de ganancias para el niño.

A continuación, encontrará algunos ejemplos de adaptaciones que los maestros pueden hacer para acomodar a los estudiantes con ADD, cuyas necesidades que se agrupan de acuerdo con las áreas de dificultad.

Distracción

- siente al estudiante en un lugar tranquilo
- siente al estudiante al lado de un compañero de clase que sirva de buen ejemplo
- siente al estudiante al lado de un "compañero de estudios"
- aumente el espacio entre los pupitres
- permítale más tiempo para terminar las tareas de clase asignadas
- acorte las tareas de clase o los períodos de trabajo para que coincidan con su capacidad de atención; utilice un marcador de tiempo
- divida las tareas largas de clase en pequeñas partes para que el estudiante pueda ver el final del trabajo
- ayude al estudiante a fijarse metas a corto plazo
- asigne los trabajos de clase de uno en uno, para evitar que se acumulen
- exija menos respuestas correctas para la nota
- reduzca la cantidad de tareas escolares a realizar en la casa
- enseñe al estudiante a autocomprobarse utilizando señales
- acompañe las instrucciones orales con unas escritas
- designe un compañero de clase para brindar asistencia en la toma de notas
- dé instrucciones claras y precisas
- trate de vincular al estudiante a la presentación de la lección
- utilice una señal privada para inducir al estudiante a mantenerse en la tarea

Impulsividad

- ignore la conducta inadecuada que sea más leve
- incremente la inmediatez de las recompensas y consecuencias
- utilice el procedimiento de penitencia por mala conducta
- supervise de cerca durante los momentos de transición
- utilice amonestaciones "prudentes" por mala conducta (o sea, evite dar sermones o criticar)
- estimule la conducta positiva con elogios, etc.
- dé reconocimiento a la conducta positiva de otro estudiante cercano
- ubique el asiento del estudiante cerca de un compañero que sea un buen ejemplo o cerca del maestro
- establezca un contrato de buena conducta
- enseñe al estudiante a autocomprobar su conducta, o, sea, al levantar la mano, hablar sin permiso
- llamarlo sólo cuando levante la mano correctamente
- elogie al estudiante cuando levante la mano para responder a una pregunta

Actividad motriz

- permítale al estudiante trabajar de vez en cuando de pie
- facilítele interrupciones que le permitan levantarse del asiento, es decir, hacer diligencias, etc.
- proporcione descansos cortos entre las tareas de clase
- supervise de cerca durante los momentos de transición
- recuérdele al estudiante que verifique el trabajo terminado si su realización fue apresurada y descuidada
- proporciónele tiempo adicional para completar las tareas de clase (especialmente para los estudiantes con un ritmo motriz lento)

Estado anímico

- proporcione seguridad y aliento
- elogie con frecuencia la conducta positiva y el trabajo terminado
- hable con suavidad y de forma no amenazante si el estudiante se muestra nervioso
- repase las instrucciones cuando asigne nuevas tareas de clase para asegurar que el estudiante comprenda las instrucciones
- utilice las oportunidades que le permitan al estudiante desempeñar un papel dirigente en la clase
- reúnase a menudo con los padres para conocer los intereses y logros del estudiante fuera de la escuela
- envíe notas positivas a la casa
- tómese el tiempo para hablar a solas con el estudiante
- estimule el intercambio social con compañeros de clase si el estudiante es reservado o excesivamente tímido
- refuerce con frecuencia cuando observe señales de frustración
- observe si hay señales de estrés, y anímelo o rebaje el cúmulo de tareas para aliviar la presión y evitar explosiones de ira
- dedíquele más tiempo para hablar con los estudiantes que parecen estar bajo tensión o que se irritan fácilmente
- ofrezca un breve adiestramiento sobre como controlar la ira: anime al estudiante a retirarse de las discusiones; a utilizar estrategias calmantes; llamar a algún adulto que esté cercano cuando comience a enfadarse

Capacidades académicas

- si lee con dificultad: facilite tiempo adicional de lectura; utilice estrategias de "revisión previas"; seleccione textos con menos palabras por página; disminuya la cantidad de lectura requerida; evite la lectura en voz alta
- si su expresión oral es pobre: acepte todas las respuestas orales; sustituya el informe oral por la demostración; estimule al estudiante a hablar acerca de sus ideas o experiencias nuevas; escoja temas sobre los que pueda hablar con facilidad
- si su expresión escrita es pobre: acepte todas las variedades de informes que no sean escritos (ej, demostraciones orales, proyectos); acepte el uso de la máquina de escribir, procesadores de textos, grabadoras; no le asigne muchas tareas de trabajos escritos; haga pruebas con opciones múltiples o preguntas a completar
- si tiene dificultades en la matemática: permítale utilizar la calculadora; utilice papel cuadriculado para espaciar los números; facilite tiempo adicional para la matemática; proporcione de inmediato ejemplos de respuestas correctas, así como instrucciones, a través de la demostración del procedimiento correcto de cálculo

Planificación organizativa

- pida la ayuda de los padres para fomentar la organización
- facilite reglas organizativas
- estimule al estudiante a utilizar libretas con separadores y carpetas para sus trabajos
- entréguele al estudiante una libreta para hacer las tareas escolares en la casa
- supervise la anotación de las tareas escolares
- envíe informes diarios o semanales a la casa sobre los avances obtenidos
- verifique la limpieza del escritorio y la libreta con regularidad y estimule la limpieza en lugar de castigar la chapucería
- permítale al estudiante guardar un juego entre de libros en la casa
- asigne una sola tarea escolar cada vez
- ayude al estudiante a fijarse metas a corto plazo
- no castigue al estudiante por pobre caligrafía si existe un trastorno visuomotor
- estimúlelo a aprender a utilizar el teclado
- permita que el estudiante grabe las tareas de clase o las tareas escolares a realizar en la casa

Obediencia

- elogie la conducta obediente
- apoye con una respuesta inmediata
- ignore manifestaciones menores de mala conducta
- utilice la atención del maestro para reforzar la conducta positiva
- utilice reprimendas "prudentes" ante la mala conducta (es decir, evite dar sermones o criticar)
- otorgue reconocimiento a la conducta positiva de un estudiante cercano
- supervise al estudiante de cerca durante los momentos de transición
- siente al estudiante cerca del maestro
- establezca un contrato de la conducta
- implemente un sistema de control de la conducta en el aula
- enséñeles a los estudiantes a autocomprobar su conducta

Socialización

- elogie la conducta adecuada
- compruebe las relaciones sociales
- establezca metas de conducta social con el estudiante e implemente un programa de recompensas
- estimule la conducta social adecuada mediante la palabra o con una señal privada
- estimule las tareas del aprendizaje en colaboración con otros estudiantes
- imparta adiestramiento en relaciones sociales de pequeños grupos
- elogie al estudiante con frecuencia
- asigne responsabilidades especiales al estudiante en presencia de sus compañeros para que los demás lo vean bajo un aspecto favorable

la tarea. Además, los medicamentos pueden ayudar a los niños con ADD a sostener la atención por más tiempo, reducir la impulsividad, mejorar la memoria de corta duración y aumentar la ejecución en las tareas visuomotores.

Numerosos estudios en los que se utilizaron las escalas evaluativas para valorar la conducta de estos niños, antes y durante la administración de los medicamentos, señalan claramente los beneficios de la medicación para los niños con ADD. Algunos estudios realizados sobre el rendimiento académico y la dosificación de los medicamentos han demostrado que a ciertos niveles de dosificación, los medicamentos pueden favorecer mayor productividad académica en el aula. Lamentablemente, no existen muchas evidencias que indiquen que los medicamentos psicoestimulantes favorezcan un desempeño sustancialmente mejor en las pruebas de capacidad en ortografía, lectura o aritmética. Por lo tanto, los medicamentos pueden tener un efecto menos positivo en el aprendizaje que en la conducta y la productividad. Las mejorías en el aprendizaje pueden requerir intervenciones adicionales como la enseñanza remedial o la instrucción especial para algunos niños.

Como comprobar los efectos de los medicamentos

Después que se receten los medicamentos es importante que los padres y los maestros verifiquen cuidadosamente la conducta, el estado anímico y la capacidad de atención del niño. Un niño cuya medicación es insuficiente, puede seguir siendo intranquilo, distraído y fácilmente desviado de su tarea. Para establecer la dosificación terapéutica correcta de la medicación es generalmente necesario probar varias veces con distintas dosis, y el médico necesitará recibir informes regulares del maestro. Este pudiera transmitir sus impresiones subjetivas; o para obtener datos más objetivos, se les puede pedir a los maestros del niño que llenen la Escala Evaluativa Abreviada de Connors para Maestros (ATRS).

Como se señaló en el Capítulo 4, varios estudios investigativos han demostrado fehacientemente que una relación curvilinear existe entre la dosis del medicamento psicoestimulante (por ejemplo, el Ritalín) y la terminación del trabajo académico en la clase. Esto significa que a medida que se incremente la dosis también aumenta la terminación del trabajo de clase, hasta un punto en que una dosis demasiado alta pudiera disminuir la producción del trabajo escolar. No obstante, las puntuaciones en las escalas evaluativas de la conducta llenadas por los maestros siguen mejorando a medida que se aumenta la dosis del medicamento, pero esta mejoría no debe ser a expensas del aprendizaje. El ATRS es muy sensible ante los efectos de los medicamentos y, por lo tanto, puede utilizarse periódicamente por los padres, maestros y médicos del niño para verificar los efectos del medicamento en el desempeño y la conducta en el aula.

A continuación encontrará un ejemplo de un ATRS realizado a Jaime, un niño de nueve años y alumno del cuarto año de primaria. El ATRS se completó antes de que Jaime recibiera cualquier tratamiento. Las puntuaciones que recibió, según la escala evaluativa, dos semanas y cuatro semanas después de haberse iniciado la medicación, están anotadas en el Registro de Evaluación de Tratamiento que se presenta en las páginas siguientes.

Escala Evaluativa Abreviada de Conners para Maestros (ATRS)

Nombre del niño(a): ____*Jaime*_____

Llenado el: ___*4/2/94*___ Maestro(a): ____*Sra. Solís*_____

Instrucciones: Sírvase considerar sólo el ___*1*___ (la) último(a) 1 (día, semana, __mes__) al llenar la lista de verificación. Marque el espacio que corresponda a la cantidad de actividad: Ninguna, Sólo un poco, Bastante o Mucha, que más se ajuste a su valoración del niño.

Observación	Cantidad de actividad			
	Ninguna	Sólo un poco	Bastante	Mucha
1 Inquieto o demasiado activo				✓
2 Excitable, impulsivo				✓
3. Molesta a los demás niños			✓	
4. No termina lo que empieza – capacidad de atención corta				✓
5. Se mueve constantemente				✓
6. Distraído, su atención se desvía fácilmente			✓	
7. Desea satisfacción inmediata de sus demandas – se frustra con facilidad			✓	
8. Llora con frecuencia y ante cualquier situación			✓	
9. Su estado de ánimo varía rápidamente y de manera drástica				✓
10. Arranques de mal genio, conducta explosiva y caprichosa			✓	

Comentarios: ___*Jaime tiene dificultad en prestar atención. Habla demasiado y necesita concentrarse más en su trabajo*___

Puntuación total:_*25*_

Cada observación en el ATRS recibe un valor de: 0 por Ninguna, 1 por Sólo un poco, 2 por Bastante y 3 por Mucha. La suma de los puntos dentro de cada columna y a través de las cuatro columnas da una medida de hiperactividad y/o problemas de conducta. La puntuación total puede oscilar entre 0 y 30. Por lo general, los niños de seis años y más que reciben puntuaciones por encima de 15 probablemente tienen problemas de adaptación en el aula. Estos niños probablemente presentan síntomas de bajo nivel de atención e hiperactividad que se manifiestan como problemas de conducta. Casi siempre los niños con puntuaciones por encima de 15 que reciben tratamiento por ADD pueden beneficiarse con una intervención adicional.

Puesto que el ATRS es sensible a los medicamentos y a los efectos de modificación de la conducta, es aconsejable establecer un nivel básico para el niño mediante la obtención de las evaluaciones del maestro con anterioridad al inicio de la medicación o el tratamiento de terapia de la conducta. La puntuación de 25 que recibió Jaime indica que enfrenta muchas dificultades en la escuela. Un análisis cuidadoso de las observaciones marcadas con "Mucha" indican que esas dificultades se centran en el nivel de actividad motriz, impulsividad, capacidad de atención y cambios en el estado anímico.

Las evaluaciones de seguimiento en el ATRS pueden obtenerse a intervalos de una semana o 15 días después de haberse iniciado la medicación para ayudar a determinar si la dosis administrada es eficaz. Tanto los padres como los maestros pueden utilizar el Registro de Evaluación del Tratamiento para anotar las puntuaciones que reciba el niño en el ATRS, según las evaluaciones posteriores que realice el maestro.

El Registro de Evaluación del Maestro proporciona los límites aproximados de las puntuaciones recibidas en el ATRS por una muestra de varones y hembras de varias edades. Como se indicaba anteriormente, las puntuaciones recibidas que estén en o por encima del límite deben analizarse cuidadosamente ya que estas reflejan un nivel más alto que el deseable en problemas de adaptación en el aula comparado al de otros niños del mismo sexo y edad. En esos casos, los padres o maestros deben comunicarse con el médico del niño para determinar si debe considerarse un ajuste en el tipo o la dosificación del medicamento o si otras intervenciones conductuales serían convenientes para ayudar al niño a adaptarse mejor a la escuela.

En el caso de Jaime, que se utilizó como ejemplo más arriba, su maestra llenó la Escala Evaluativa Abreviada de Conners para Maestros una segunda y tercera vez, a intervalos de dos semanas después que Jaime comenzó a tomar Ritalín para controlar sus síntomas de ADD. Las evaluaciones del maestro se reflejan en el Registro de Evaluación del Tratamiento en la siguiente página.

REGISTRO DE VALORACION DEL TRATAMIENTO

| NIÑO(A): *Jaime* | | EDAD: *9* | MAESTRO(A): *Solis* | |

EDAD	ATRS PUNTUACIONES LIMITE		DOSIS DE MEDICAMENTO Y PUNTUACIONES ATRS		
	VARONES	HEMBRAS	FECHA: *4/2/94* DOSIS: *Ninguna*	FECHA: *18/2/94* DOSIS: *5 mg.*	FECHA: *4/3/94* DOSIS: *10 mg.*
6-8	18	13			
9-11	20	14	25	20	10
12-14	13	7			
15-17	13	16			

Sírvase anotar aquí el nombre y la dosis en mg. del medicamento. Anote si se toma el medicamento más de una vez al día, así como cualquier efecto secundario observable:

18/2/94   5 mg. dos veces al día - no se observan efectos secundarios

4/3/94   10 mg. dos veces al día - pérdida del apetito, algunas alteraciones al sueño

Antes del inicio del tratamiento, la puntuación de Jaime en el ATRS estaba por encima de la puntuación límite para un niño de su edad. Dos semanas después que comenzó a tomar los medicamentos, la puntuación descendió un poco, pero aún seguía estando por encima del nivel deseado. Dos semanas más tarde, en la tercera evaluación del ATRS, y después de un incremento en la dosis del medicamento, la puntuación de Jaime se mantenía estable. Es muy probable que no sea necesario incrementar nuevamente la dosis. Aunque en este caso la conducta y la atención de Jaime están bastante bien controladas, todavía pueden existir problemas adicionales de aprendizaje y quizás se necesiten conferencias periódicas entre los padres y el maestro, o futuras intervenciones.

Remítase al Apéndice A para las copias en blanco del ATRS y el Registro de Evaluación del Tratamiento. Para determinar cómo su hijo se compara con el niño promedio de su edad, sólo tiene que buscar la evaluación del maestro en el ATRS y registrar la puntuación de su hijo en la línea de edad correcta en la planilla del registro de evaluación. Si su hijo recibe tratamiento, anote el tipo para que pueda comparar los resultados obtenidos antes y después del inicio del tratamiento. Si la puntuación de su hijo está bastante por debajo de la puntuación límite para su edad, entonces es probable que no necesite tratamiento o que no se requiera un cambio en relación con el medicamento o terapia de conducta que recibe actualmente (si todo lo demás se desarrolla bien, si no hay efectos secundarios significativos y si el niño no está demasiado somnoliento, ni manifiesta síntomas de no estar alerta). Si, al contrario, la puntuación del niño en el ATRS está muy cerca o por encima de la puntuación límite para su edad, entonces estos datos deben analizarse con el médico del niño antes de hacer cualquier ajuste con respecto a la medicación o el tratamiento conductual que recibe el niño.

Modificación de la conducta

Los programas de modificación de la conducta se utilizan frecuentemente con los estudiantes que tienen ADD. La Tarjeta de Metas, un ejemplo de sólo uno de los programas de la conducta, presenta cinco conductas deseadas que comúnmente son problemáticas para los niños con ADD en el aula. La Tarjeta de Metas (I)ntermedia, con cinco conductas, puede ser eficaz para niños desde el primer grado hasta el octavo. Para los niños de menos edad, los que están en los jardines de infancia y en kindergarten, una planilla más simplificada, la Tarjeta de Metas (P)rimaria, con tres conductas, es más conveniente.

A continuación encontrará como ejemplo las puntuaciones de Jaime, de nueve años, durante una semana en la Tarjeta de Metas (I).

Nombre del niño(a): _____ *Jaime* _____ Maestro(a): _____ *Sra. Solis* _____
Grado: _____ *4* _____ Escuela: _____ *Primaria Central* _____ Aula: _____ *206* _____
Semana del: _____ *7/3/94* _____

Tarjeta de Metas	LUN	MAR	MIERC	JUEV	VIER
1. Prestó atención en la clase	3	3	4	4	5
2. Terminó el trabajo en la clase	3	2	4	5	5
3. Terminó la tarea en la casa	4	4	4	5	N/A
4. Se portó bien	3	3	3	5	5
5. Su escritorio y libretas están limpios	2	2	4	4	5
Total	15	14	19	23	25
Iniciales del maestro	MS	MS	MS	MS	MS

Escalas Evaluativas

N/A = No es aplicable
O = Pérdida, Olvido o Destrucción de la Tarjeta
MARQUE LA ESCALA QUE UTILIZARA

✓

1 = Pésimo	1 = Pobre
2 = Pobre	2 = Mejor
3 = Regular	3 = Bien
4 = Bien	
5 = Excelente	

Metas por _____ *17* _____ puntos

Como puede observarse en el ejemplo anterior, las cinco conductas en la Tarjeta de Metas (I) las evalúa el maestro cada día. Los niños en los grados de primaria (primer y segundo grado) se evalúan en base a una escala de tres puntos (1 = Pobre, 2 = Mejor, 3 = Bien) mientras que los niños en los grados intermedios (del tercer grado hasta el octavo) se evalúan en base a la escala de cinco puntos que aparece arriba. Se le indica al niño que entregue la Tarjeta de Metas a su maestro cada día para que se la llene en base a su conducta y rendimiento académico en ese día. El maestro pone sus iniciales en la tarjeta y se la devuelve al estudiante, quien a su vez se la entregará a sus padres para que la revisen. Todas las noches los padres revisan el total de puntos obtenidos durante el día y le devuelven la Tarjeta de Metas al niño para que sea nuevamente utilizada al día siguiente en la escuela. Los padres deben estimular al niño mediante el uso de elogios verbales y recompensas tangibles (por ejemplo, acostarse más tarde, comer algunas golosinas, escoger una actividad con uno de los padres, etc.) por los éxitos obtenidos, mientras que se le aplicarán castigos o multas (acostarse más temprano, rebaja del estipendio, menos tiempo para ver televisión) cuando el total de puntos esté por debajo de la cantidad fijada para cada día. Es importante utilizar una combinación de recompensas y consecuencias, ya que los niños tienen un nivel alto de tolerancia para el refuerzo (lo cual significa que parecen necesitar más refuerzos que los niños que no tienen ADD para estimular respuestas apropiadas similares).

Para los niños más pequeños, de edad preescolar y de kindergarten, se aplicará el mismo procedimiento en relación con la Tarjeta de Metas (P) llenada por el maestro, y los padres la revisarán y le darán seguimiento, sólo que la tarjeta está simplificada.

Nombre del niño(a): _____ *Alicia* _____ Maestro(a): _____ *Sra. Ramos* _____

Semana del: _____ *7/3/94* _____

Tarjeta de Metas

	LUN	MAR	MIERC	JUEV	VIER	
PRESTO ATENCION	2	3	3	2	3	1 = HACER UN MEJOR ESFUERZO
JUGO BIEN	2	1	3	3	3	2 = MEJOR
OBEDECIO LAS REGLAS	2	1	3	3	3	3 = BUEN TRABAJO
TOTAL	6	5	9	8	9	MI META ES OBTENER 6 PUNTOS

Los padres que estén interesados en utilizar el Programa de la Tarjeta de Metas con su hijo encontrarán copias adicionales de la Tarjeta de Metas (I) y la Tarjeta de Metas (P) en el Apéndice A. No se olvide de fijar las puntuaciones límite para los refuerzos y castigos a un nivel realista de modo que el niño pueda obtener éxitos en la tarjeta, siempre que esté haciendo un esfuerzo razonable en la escuela.

Aunque deben tomarse en cuenta las diferencias individuales, hemos observado que para la Tarjeta de Metas (I), tanto una puntuación de 10 o más puntos diarios, cuando se utilicen la escala evaluativa de tres puntos (para el primer y segundo grado), como una puntuación de 17 puntos o más diarios, cuando se utiliza la escala evaluativa de cinco puntos (desde el segundo hasta el octavo grado) sirven de puntuaciones límite eficaces para comenzar el programa.

Para los niños de edad preescolar o de kindergarten que están utilizando la Tarjeta simplificada de Metas (P), una puntuación límite de 6 puntos se sugiere para recompensas y consecuencias. Los padres de niños que están en la Tarjeta de Metas (P) deben poner un empeño especial en destacar el aspecto del programa que se refiere a las recompensas para no desmoralizar al niño pequeño si el mismo no ha obtenido muchos éxitos en el programa.

A medida que el niño utilizando la Tarjeta de Metas mejore su comportamiento, la puntuación límite puede elevarse ligeramente de acuerdo con la capacidad del estudiante. Si el niño recibe menos que el número de puntos límite, en cualquier día determinado, entonces se deberá aplicar un castigo leve (por ejemplo, quitarle un privilegio, obligarle a acostarse media hora más temprano, etc.), pero para los puntos que estén en o por encima del nivel esperado, debe otorgársele una recompensa (por ejemplo, añadir un privilegio, dejarle acostarse media hora más tarde, etc.). A continuación se presenta como modelo el caso de Joaquín, un niño de nueve años que recibió un tratamiento con el programa de modificación de la conducta, mediante el uso del programa de la Tarjeta de Metas (I) y una escala evaluativa de cinco puntos.

Joaquín fue enviado a un psicólogo para valoración y tratamiento debido a una larga historia de conducta desordenada y desobediente en la escuela. Al momento de la valoración, Joaquín se encontraba en tercer grado en una escuela pública local. Su última libreta de calificaciones reflejaba un rendimiento promedio en el trabajo escolar, pero su maestra indicaba que Joaquín era distraído, hiperactivo y muy desorganizado en la clase. Su maestra del año anterior, al ser consultada, también verificó el hecho de que Joaquín era un niño "muy difícil" de enseñar debido a su conducta hiperactiva y distraída. Ambas maestras llenaron las escalas calificativas de maestros y clasificaron a Joaquín dentro de los límites de problemas de adaptación para un niño de su edad.

Los padres de Joaquín ofrecieron los siguientes datos sobre su nacimiento. Joaquín fue el producto de un embarazo de nueve meses, normal y sin dificultades mayores en el parto. Pesó 7 libras, 4 onzas al nacer y no mostró dificultades en relación con la salud física general. Las etapas evolutivas importantes en relación con gatear, caminar, y el desarrollo del lenguaje estaban dentro de los límites normales. Desde que comenzó a caminar, se notó una intranquilidad excesiva y los padres informaron que Joaquín era "impaciente" y que tenía poca tolerancia de la frustración. Se irritaba y molestaba con facilidad, reaccionando a menudo física y emocionalmente cuando se le pedía algo o si las cosas no salían como él quería.

Cuando Joaquín ingresó en un jardín de infantes, los maestros informaron sobre manifestaciones de mala conducta extrema, con hiperactividad y agresión social encabezando la lista. Debido a su conducta agresiva con otros niños, se le dio la baja de dos jardines. Sus padres sintieron alivio cuando llegó a la edad en que podía ingresar en la escuela pública. Por desgracia, sus problemas no mejoraron y continuó manifestando un comportamiento hiperactivo, desafiante y distraído durante varios grados siguientes en la escuela.

La valoración psicológica reveló que Joaquín sufría un trastorno de la conducta, al igual que de ADD. Se le inscribió en orientación individual y se inició un programa de Tarjeta de

Metas para ayudar a registrar su progreso en la escuela, y para responsabilizar a Joaquín de su propia conducta. Se le explicó a Joaquín la Tarjeta de Metas, a sus padres, y a la maestra, y todo el mundo estuvo de acuerdo en trabajar con el programa. Joaquín recibiría una evaluación diaria en base a cinco conductas que se deseaban modificar (ver el modelo de Tarjeta de Metas que aparece arriba), y la llevaría todos los días a sus padres para que la revisaran. Se seleccionó una puntuación límite de 17 para comenzar. Se le explicó a Joaquín que si ganaba más de 17 puntos diarios no tendría que irse a la cama hasta la hora acostumbrada, las nueve. Se le dijo que si lograba mantener esa puntuación durante quince días, de un total de veinte días escolares, se ganaría un premio. Se le advirtió sin embargo, que si obtenía menos de 17 puntos en cualquiera de esos días tendría que acostarse media hora más temprano.

Joaquín puso el programa a prueba durante los días siguientes. Por tres días no pudo ganarse los 17 puntos requeridos y sus padres lo enviaron a acostarse temprano (aún cuando significó perder una práctica de balompié). Joaquín comenzó a discutir con su maestra sobre los puntos que recibía en clase, pero ella tenía las instrucciones de no contestarle y de permanecer firme en relación con la puntuación dada. Los cinco días siguientes Joaquín ganó más de 17 puntos diarios. Sus padres lo felicitaron por el buen esfuerzo. Continuó desempeñándose bien durante dos semanas más y sus padres elevaron la puntuación límite a 19 puntos. Joaquín siguió ganándose los puntos requeridos cada día a pesar de haberse elevado el límite de la puntuación. Sus padres le dieron un refuerzo cada cierto tiempo por sus avances en la escuela y después de estar tres meses en el programa de la Tarjeta de Metas, Joaquín se desempeñaba tan bien que ya sólo utilizaba el programa cada 15 días en lugar de semanalmente. Al final de dos meses más ya no necesitaba el programa de terapia de la conducta.

Al igual que sucede con cualquier programa de modificación de la conducta, la consistencia es la clave del éxito. No se olvide que la mayoría de los jóvenes no se desempeñarán bien desde el inicio con estos programas. Sin embargo, según nuestra experiencia, si los padres y maestros se mantienen firmes y aplican de manera consecuente la Tarjeta de Metas, un cambio favorable generalmente se produce en dos o tres semanas. Es intereresante observar que la mayoría de los niños que les va bien con la Tarjeta de Metas no desean suspenderla debido a los sentimientos positivos que experimentan al tener éxito en la escuela.

Resumen

Los estudiantes con ADD tienen necesidades educacionales propias que suelen presentarse cuando el niño comienza el kindergarten y continúan a lo largo de la escuela secundaria y superior. Afortunadamente, la ley federal actual admite que un estudiante sea considerado impedido únicamente en base a un trastorno de bajo nivel de atención y requiere que los distritos escolares tengan programas establecidos para esos estudiantes para asegurar que reciban una educación adecuada de manera gratuita.

Casi todos los estudiantes con ADD pueden recibir la enseñanza en las aulas de educación regulares, adaptadas adecuadamente por el maestro. Los programas que incluyan tratamiento médico y modificación de la conducta pueden ser sumamente provechosos para mejorar el rendimiento escolar. Algunos estudiantes con ADD pudieran necesitar programas educacionales especiales y servicios relacionados.

Capítulo Siete
Adultos con el trastorno
de bajo nivel de atención

Varios estudios a largo plazo que siguieron el comportamiento de grupos de niños con ADD durante los años de la adolescencia indican que algunos de los síntomas más básicos del trastorno disminuyen a medida que el niño madura. Con relación a estos síntomas básicos, se considera generalmente que los adolescentes con ADD tienden a ser menos activos e inquietos que cuando eran niños. Sin embargo, como grupo, todavía tienden a mostrar más síntomas de intranquilidad, impaciencia, impulsividad y dificultades de concentración al compararlos con los grupos de adolescentes sin diagnóstico de ADD que sirvieron de control.

Desgraciadamente, a pesar de una baja en la intensidad de estos síntomas básicos, los adolescentes con ADD todavía tienden a presentar más problemas de disciplina y a ser más rebeldes que sus pares sin ADD. Además, el bajo rendimiento académico, las relaciones tirantes con sus compañeros y la baja autoestima también aparecieron como típicos de los adolescentes hiperactivos. En el caso de estos niños, es posible que se necesite continuar el control médico a lo largo de su adolescencia. En una época se pensaba que los medicamentos para tratar la hiperactividad deberían suspenderse cuando el niño llegaba a la adolescencia. En la actualidad ya no se piensa que esto sea así.

Varios estudios longitudinales han seguido a los niños hiperactivos durante su adolescencia y la edad adulta. Desafortunadamente, las conclusiones de estos estudios sugieren que el trastorno de bajo nivel de atención puede ser agudo y, en algunos casos, puede tener efectos crónicos a largo plazo sobre el individuo durante toda su vida. Aunque el 50 por ciento de los niños hiperactivos supera el trastorno antes o durante los años de la adolescencia, el otro 50 por ciento, que compone el grupo de adultos con ADD, continúa a estar afectado en distinta medida durante el resto de su vida de adultos. Un número significativo de estos adultos siguen

93

confrontando problemas de concentración, impulsividad, hiperactividad y organización. Como grupo tienden a tener más accidentes automovilísticos, más movilidad geográfica y más conductas antisociales. Además, tienen menos logros en la escuela y menos éxito en el trabajo que los adultos sin ADD. Los problemas de autoestima se mantienen frecuentes junto con una mayor incidencia de dificultades de adaptación de la personalidad en conjunto.

Varios estudios han tratado de explicar la razón por la cual algunos niños con ADD llegan a ser adultos mejor adaptados que otros. Estos estudios han identificado un número de factores que se relacionan al resultado general con respecto a la adaptación educacional, laboral, emocional y social en la edad adulta. Entre los factores que parecen estar correlacionados con resultados positivos en cuanto a logros educacionales y éxitos en el trabajo, están la inteligencia, el apoyo familiar y el nivel socioeconómico. La salud mental general de los miembros de la familia del individuo junto con la agresividad, la inestabilidad emocional y la tolerancia ante la frustración del niño y adolescente con ADD, también fueron elementos de predicción importantes en cuanto a la adaptación general en la edad adulta.

Factores que afectan el resultado en los adultos

Los factores que se asociaron con más resultados positivos en los niños con ADD como adultos fueron:

- Capacidad intelectual
- Ausencia de agresividad
- Nivel socioeconómico de la familia
- Nivel de apoyo de la familia

Los adultos con ADD, al ser interrogados acerca de sus experiencias durante la infancia, permiten tener más claridad acerca de cómo era tener un trastorno de bajo nivel de atención. Muchos de sus relatos enfocan los aspectos negativos del trastorno, en particular en relación con sus malas relaciones sociales y no poder satisfacer a los demás. Muchos adultos con ADD, al recordar su infancia, informan sobre el conflicto familiar, el no estar a la altura de las expectativas de sus padres, el ostracismo social, las críticas del maestro y los sentimientos de baja autoestima.

Aunque se consideraba que la llegada a la madurez era un factor importante para producir un cambio positivo en la conducta al pasar de la infancia a la edad madura, un número significativo de adultos también opinó que los medicamentos eran desde muy beneficiosos a algo beneficiosos, aunque a muchos les disgustaba tomarlos de niños. Por lo general, los adultos con ADD consideraron que tambíen se beneficiaron con otras estrategias de intervención tales como la educación particular, el asesoramiento familiar y el asesoramiento individual. Además de las intervenciones anteriores, es evidente que muchos de estos adultos valoraron altamente las relaciones positivas, afectuosas e íntimas que pudieron desarrollar con la familia, los amigos y otras personas importantes como un factor clave en su adaptación general.

Hoy en día, se reconocen y diagnostican cada vez más a los adultos con ADD. Grupos de apoyo para adultos se están formando a lo largo de los Estados Unidos, permitiendo así a los adultos con ADD a compartir sus experiencias unos con otros y conocer nuevas formas de enfrentar sus dificultades. El tratamiento con medicamentos, que en un tiempo se creyó que sólo era útil para los niños con ADD, está dando resultados para los adultos también.

Capítulo Ocho
Como explicar el trastorno de bajo nivel de atención a los niños

Juan y la obra teatral de Halloween

Este año, la clase de la Sra. Galvez fue seleccionada para montar la obra de Halloween de la escuela. La Sra. Galvez le había contado a sus alumnos acerca de la obra y todos en la clase se sentían muy motivados. Todos los años los niños de la Escuela Elemental Maplewood esperaban con alegría la llegada de la obra de Halloween y cada año se seleccionaba a una clase diferente para presentarla. Era una buena ocasión para que los estudiantes de la obra exhibieran sus disfraces de Halloween y actuaran en los distintos papeles. Además, el Sr. Benitez, el director de la escuela, preparaba todos los años una fiesta especial de Halloween y compraba una gran panetela para la clase que montaba la obra teatral.

Todos los niños en la clase de la Sra. Galvez estaban ocupados en la preparación de la obra. La Sra. Galvez leyó el libreto a la clase. El Sr. Hernández, el custodio de la escuela, estaba montando luces especiales en el escenario para la obra, y hasta el esposo de la Sra. Galvez estaba participando con la construcción de una estructura de madera para la casa embrujada de la obra. Todo se estaba programando y los ensayos iban a comenzar en tres semanas. Sólo faltaba por decidir quiénes harían qué papeles en la obra.

Juan nunca antes había actuado en una obra. Cuando tenía siete años había visto a su hermana mayor, Julia, representar el papel principal en la obra teatral de su clase. Se fijó en que todo el mundo aplaudió y le prestó mucha atención. Juan deseaba en secreto tener la oportunidad de desempeñar el papel principal este año. Quería actuar en el papel del niño que se transforma en héroe la noche de Halloween después de salvar a los demás niños de la bruja malvada que vive en la casa de los fantasmas. Con frecuencia, cuando Juan soñaba despierto se veía haciendo cosas valientes como esa. Cuando no soñaba de una cosa, soñaba de la otra. Ese era parte de su problema.

96

Juan soñó que le daban el papel en la obra y que era el héroe de su clase. No obstante, el sabía que no había muchas probabilidades de que le dieran el papel. Estudiar para la obra y aprenderse los vocablos de memoria tomaría mucho tiempo, y la Sra. Galvez seguramente le daría el papel del niño que salva a todos los demás niños a uno de los alumnos que siempre presta atención y hace las tareas escolares en la casa. El problema de Juan era que soñaba despierto casi todo el tiempo, hablaba demasiado con sus amigos y casi nunca terminaba las tareas de la clase. Eso no era todo. A Juan le costaba mucho trabajo quedarse sentado tranquilo Se retorcía mucho en su asiento y la Sra. Galvez siempre le tenía que recordar de que no echara la silla hacia atrás porque se podía caer. Y hablando de caer, su lápiz lo hacía a menudo y también los papeles de su escritorio. ¡Sencillamente no lograba organizarse!

La Sra. Galvez parecía comprender a Juan. Sabía que Juan tenía más dificultades que algunos de los otros muchachos a la hora de concentrarse en el trabajo. Le corrió la silla para que estuviera más cerca de ella y así recordarle de que prestara atención. Le ofrecía ayuda suplementaria si parecía necesitarla. Cuando hablaba demasiado con sus amigos, la Sra. Galvez lo inducía a regresar a su trabajo. A Juan le gustaba que ella lo hacía de una manera discreta para que los demás niños no se dieran cuenta. Pero por encima de todo, Juan sentía que la maestra le tenía aprecio de verdad y eso lo hacía sentirse bien.

El año pasado, la Sra. Alvarez no era tan amable. Le gritaba a Juan y lo abochornaba frente a los demás niños. La Sra. Alvarez se ponía muy brava cuando Juan respondía a las preguntas sin levantar la mano primero o cuando hablaba demasiado con otros estudiantes sin permiso. No podía controlarse muy bien. Si tenía algo que decir, lo decía sin acordarse de las reglas de la clase de esperar su turno. Juan pensaba que la Sra. Alvarez siempre lo estaba regañando porque su escritorio estaba regado y sus papeles chapuceros. La Sra. Alvarez llamó mucho a los padres de Juan el año pasado para quejarse de su conducta y a Juan lo castigaban en la casa por no prestar atención en la escuela. Los padres de Juan comenzaban a preocuparse mucho. Sabían que Juan era listo y no entendían por qué tenía tantos problemas en la escuela. Juan tampoco lo entendía.

97

Un día la Sra Galvez repartió el libreto de la obra de Halloween a todos los niños en su clase. Les pidió que lo llevaran para la casa y lo leyeran. Juan trajo el libreto a la casa pero el sabía que nunca lo escogerían para actuar en el papel que deseaba.

Esa noche Juan no tenía muchas ganas de comer su comida. No tenía deseos de comer el postre ni ver la televisión. Incluso cuando su perro, Pimienta, le brinco arriba para jugar, Juan no le hizo caso. La madre de Juan le preguntó qué le pasaba. Juan le dijo que deseaba obtener el papel en la obra pero que no valía la pena tratar de lograrlo debido a sus problemas en la escuela. Su madre le dijo que no se preocupara y que tratara de prestar más atención en la escuela. También le dijo que ella hablaría con la Sra. Galvez para que todos juntos pensaran en cómo ayudarlo con sus problemas.

Al día siguiente la Sra. Galvez se reunió con Juan y sus padres para conversar sobre los problemas de Juan. La Sra. Galvez le dijo a sus padres que era un placer tener a un muchacho tan estupendo como Juan en su clase. También dijo que ella comprendía que Juan tenía un problema a la hora de prestar atención, terminar todos sus trabajos en la case, sentarse tranquilo y mantener su escritorio y sus papeles limpios. Le explicó además a los padres de Juan que ella conocía de otros estudiantes que tenían los mismos problemas. La Sra. Galvez le preguntó a Juan y a sus padres si les gustaría trabajar todos juntos en un plan para ayudar a Juan a mejorar en la  escuela. Todos estuvieron de acuerdo en que les gustaría ayudar de cualquier forma posible. La Sra. Galvez le dijo a Juan que ella le recordaría de prestar atención, sentarse tranquilo, terminar su trabajo y ser ordenado. Dijo que todos los días ella le llenaría una Tarjeta de Metas. Le anotaría los puntos en la tarjeta para que Juan y sus padres supieran cómo estaba comportándose en la escuela todos los días. Juan aceptó llevar la tarjeta después de la escuela a sus padres en la casa y devolverla a la mañana siguiente.

La Sra. Galvez llenaba la Tarjeta de Metas de Juan diariamente y le daba puntos por su trabajo en la escuela. Si tenía un día bueno y se ganaba muchos puntos, sus padres le daban algún tipo de recompensa, pero si tenía un día malo y no ganaba muchos puntos, perdía la recompensa e incluso podía en ocasiones perder tiempo de ver televisión por la noche o acostarse un poco más temprano.

Durante los días siguientes Juan hizo un verdadero esfuerzo por seguir el plan en la escuela. Cuando se olvidaba de prestar atención, su maestra sólo se acercaba a su escritorio y suavemente le recordaba de mantener su atención en su trabajo. Todos los días después que la Sra. Galvez llenaba la Tarjeta de Metas, Juan la llevaba a la casa para enseñársela a sus padres. Después de un tiempo todos comenzaron a notar que Juan ganaba cada día más puntos y que había mejorado en la escuela. Atendía mejor, terminaba sus trabajos en la clase, permanecía más tiempo sentado tranquilo y su trabajo era cada vez más limpio. Juan también era cada día más feliz. Todos los días ganaba muchos puntos y se sentía mejor con respecto a sí mismo. Cuando la Sra. Galvez le preguntó a cada uno de los niños en qué papel les gustaría actuar en la obra de Halloween, Juan levantó la mano y le dijo que a él le gustaría actuar en el papel del niño que salvó a todos los niños en la casa de los fantasmas. La Sra. Galvez dijo que en vista de que Juan había mejorado tanto en la escuela podía tener el papel. Todos los niños en la clase estuvieron de acuerdo en que Juan se había realmente ganado el papel.

El día de la obra de Halloween, Juan estaba nervioso pero también muy motivado. Sus padres y su hermana, Julia, habían venido para verlo actuar. Cuando terminó la obra, todos aplaudieron y Juan fue aclamado de pie por el público y los demás alumnos. Juan se sintió orgulloso de sí mismo, y también se sintieron orgullosos de él sus padres y su hermana. Al día siguiente, Juan y sus compañeros de clase celebraron cuando el Sr. Benitez trajo una gran panetela al aula de la Sra. Galvez para celebrar la fiesta.

Libros y vídeos para ayudar a los niños a comprender el trastorno de bajo nivel de atención

Se han publicado varios libros y vídeos para ayudar a los niños y adolescentes con ADD a comprenderse mejor a sí mismos y a los demás. Los siguientes libros y vídeos ayudarán a los padres y maestros que quisieran que los niños se familiarizaran con el ADD. Estos materiales se pueden solicitar directamente a sus editores (vea la sección de lectura recomendada) o a A.D.D. WareHouse, (305) 792-8944.

Shelley, The Hyperactive Turtle
(Shelley, la tortuga hiperactiva)
Deborah Moss

Shelley se mueve como un cohete y no puede estar sentada tranquila ni siquiera por el tiempo más corto. Porque ni Shelley ni las otras tortugas pueden comprender por qué se menea y retuerce tanto, empieza a sentirse fuera de lugar. Pero después de visitar al médico, Shelley aprende lo que quiere decir "hiperactivo" y recibe la ayuda correcta. Para niños entre 3 y 7 años.

Otto Learns About His Medication
(Otto aprende acerca de sus medicamentos)
Por el doctor Mathew Galvin

El doctor Galvin ha escrito un libro maravilloso en forma de cuento en el cual se explica lo que es el trastorno de bajo nivel de atención. Está escrito para ser leído al niño y por él mismo. Otto, un joven auto inquieto que tiene dificultad para prestar atención en la escuela, visita a un mecánico especial que le receta una medicina para controlar su conducta hiperactiva. Para niños entre 5 y 10 años.

Eagle Eyes: A Child's View of Attention Deficit Disorder
(Ojos de águila: el trastorno de bajo nivel de atención visto por un niño)
Por la doctora Jeanne Gehret

Ben es torpe e impulsivo cuando sale a caminar entre los árboles y ahuyenta a los pájaros que admira. Sin embargo, con el tiempo aprende a fijar su atención como un águila en las cosas que son realmente importantes. Al final de este emotivo cuento, Ben logra ayudar a su padre cuando surge una emergencia. *"Ojos de águila"* ayuda a los lectores de todas las edades a comprender el ADD y ofrece sugerencias prácticas para la organización, las relaciones sociales y para serenarse. Las ilustraciones expresivas basadas en la naturaleza realzan este cuento para aquellos que son renuentes. Para niños entre 6 y 12 años.

Learning To Slow Down and Pay Attention
(Cómo aprender a ir más despacio y prestar atención)
Por las doctoras Kathleen Nadeau y Ellen Dixon

Un libro escrito para niños, contiene ilustraciones simpáticas de caricaturas y páginas de actividad para captar el interés del niño. *"Cómo aprender a ir más despacio y prestar atención"* ayuda a los niños a identificar los problemas y explica cómo sus padres, médicos y maestros pueden ayudar. En un lenguaje de fácil comprensión, el libro describe cómo un niño con ADD puede aprender a prestar más atención en la clase, controlar sus sentimientos, organizarse mejor y aprender a resolver problemas. Para niños entre 6 y 14 años.

Jumpin' Johnny Get Back To Work!
(¡Juanito el saltarín, vuelve a tu trabajo!
Una guía para niños sobre el ADHD y la hiperactividad)
Por el doctor Michael Gordon

Este libro y vídeo entretenido e informativo ayudarán a los niños a comprender los conceptos esenciales relacionados con la valoración y el tratamiento de ADHD. *"Juanito el Saltarín"* cuenta lo que es ser distraído e impulsivo, y cómo su familia y la escuela trabajan con él para hacerle la vida más fácil. Los niños encuentran este libro divertido, educativo y preciso al describir los retos que ellos confrontan diariamente. El sentido de humor del doctor Gordon y su larga experiencia clínica con niños que tienen ADHD se reflejan en cada página de este cuento encantador pero realista. Para niños entre 6 y 11 años.

Making the Grade: An Adolescent's Struggle with ADD
(Cómo pasar de grado: la lucha de un adolescente con ADD)
Roberta N. Parker

"Cómo pasar de grado" es la historia conmovedora de Jim Jerome, un niño de séptimo grado, y sus esfuerzos por triunfar en la escuela. Ansioso por hacer un buen papel en los primeros años del preuniversitario, Jim no tarda en descubrir que sus problemas con el autocontrol y la falta de atención afectan sus posibilidades de triunfar en los estudios y los deportes. Con la ayuda de sus padres, maestros y profesionales de la salud interesados, Jim conoce lo que es ADD y las formas de ayudarse a sí mismo.

A pesar de que la narración de cómo ADD puede afectar a los estudiantes jóvenes y adolescentes es ficción, *"Cómo pasar de Grado"* es, no obstante, un cuento muy atractivo para adolescentes entre nueve y 14 años que tienen el trastorno de bajo nivel de atención. Al final del cuento se encuentra una sección titulada Datos sobre ADD: Preguntas que se hacen con más frecuencia, que ofrecen más información directa a los jóvenes lectores. El doctor Harvey Parker explica los síntomas, causas, tratamientos y resultados de ADD de una manera franca y positiva.

Slam Dunk:
A Young Boy's Struggle with ADD
("Slam Dunk": La lucha de un joven con ADD)
Roberta N. Parker

Toby Butler, un alumno de quinto grado que vive en un barrio pobre en el centro de la ciudad, es fanático del baloncesto y tiene dificultades para prestar atención. Se le diagnosticó que tiene ADD, condición que ha afectado su vida en el hogar y en la escuela. Se discute la utilización de las instalaciones en el aula y se hace una descripción de las intervenciones conductuales y médicas, en un lenguaje que los niños pueden comprender. Para niños de 8 a 12 años.

Putting On the Brakes
(Como aplicar los frenos)
Por la doctora Patricia O. Quinn y Judith Stern, M.A.

Un panorama honesto y accesible del trastorno de bajo nivel de atención e hiperactividad para niños de 8 a 12 años. Escrito para los niños, *"Cómo aplicar los frenos"* se centra en los sentimientos y emociones de los niños con ADD y sugiere técnicas específicas para controlar la situación, organizarse mejor y desempeñarse mejor en la escuela, la casa y con los amigos. Los niños con ADD se compensarán con el reconocimiento y la explicación de sus problemas, y encontrarán una gran ayuda en las estrategias para manejarlos. El libro se refiere a temas como la fisiología y los síntomas de ADD, los medicamentos recetados en el tratamiento y los distintos tipos de apoyo, de la familia y la comunidad, que están disponibles.

Keeping A Head In School: A Student's Book About Learning Abilities and Learning Disorders
(Cómo mantener la cabeza en la escuela: un libro para el estudiante sobre las capacidades y trastornos de aprendizaje)
Por el doctor Mel Levine

Este libro, escrito especialmente para estudiantes por el doctor Mel Levine, pediatra y conocida autoridad en problemas de aprendizaje, desmitifica los trastornos de aprendizaje para los jóvenes que presentan estos síntomas. *"Cómo mantener la cabeza en la escuela"*, ayuda a los estudiantes de nueve a quince años con trastornos de aprendizaje a conocer mejor sus puntos fuertes y sus debilidades. Pueden ver como varían los estilos de aprendizaje y encontrar las formas específicas para abordar el trabajo y manejar las situaciones problemáticas que puedan enfrentar en la escuela. Este provechoso libro del doctor Levine tiene el objetivo de convencer a los estudiantes de que la lucha bien vale el esfuerzo y al final traerá su recompensa.

All Kinds of Minds (Inteligencias diversas)
Por el doctor Mel Levine

Los estudiantes jóvenes con trastornos de aprendizaje —niños en la escuela primaria y elemental— pueden obtener una visión más clara sobre las dificultades que confrontan en la escuela. Este libro ayuda a todos los niños a comprender y respetar a las inteligencias diversas y pueden estimular a los niños con trastornos de aprendizaje a mantenerse motivados y evitar que desarrollen problemas de la conducta debido a sus trastornos de aprendizaje. Para niños de 7 a 10 años.

My Brother's A World-Class Pain: A Sibling's Guide to ADHD
(Mi hermano es insoportable: Una guía para hermanos sobre ADHD)
Por el doctor Michael Gordon

Este es el primer libro escrito para ese grupo afectado por ADD y frecuentemente olvidado: los hermanos de los niños con ADD. Aunque generalmente llevan

103

el peso de la impulsividad y distracción del niño con ADD, pocas veces se les ofrece a los hermanos la posibilidad de comprender la naturaleza del problema y de que se tomen en cuenta sus propios sentimientos y pensamientos. Este cuento sobre los esfuerzos de una hermana mayor para manejar a su activo e impulsivo hermano envía un claro mensaje a los hermanos de los niños con ADD de que ellos pueden desempeñar un papel importante en los esfuerzos de la familia por lograr un cambio.

It's Just Attention Disorder: A Video Guide for Kids
(Es sólo un trastorno de la atención: Una guía de vídeo para niños)
Por los doctores Sam Goldstein y Michael Goldstein

Un diagnóstico preciso para ADD se ha convertido en una realidad y ahora el próximo paso es el tratamiento. Para poderlos ayudar, los niños y adolescentes con ADD deben querer que los ayuden. "Es sólo un trastorno de la atención" se creó para auxiliar a los padres, maestros y asesores que ayudan al niño y adolescente con ADD a ser un participante activo en proceso de tratamiento. Filmado en un formato "MTV", este vídeo interesará aún al más distraído. Se filmó con el objetivo de familiarizar al niño y adolescente que tiene ADD con la información básica relacionada con la naturaleza y el tratamiento de ADD. Un Manual y Guía de Estudio del Usuario se incluyen con el vídeo.

I would if I could: A Teenager's Guide to ADHD/Hyperactivity
(Lo haría si pudiera: Un manual para adolescentes sobre ADHD/Hiperactividad)
Por el doctor Michael Gordon

El doctor Gordon ha escrito un libro atrayente, especialmente para el adolescente con ADHD. Este libro no sólo ofrece información directa sobre ADHD, sino que explora además su impacto sobre las relaciones con la familia, la autoestima y las amistades. El uso del humor y candor ayudan a educar y animar a los adolescentes que, con demasiada frecuencia se encuentran confundidos y frustrados.

Para solicitar cualquiera de los libros o vídeos anteriores, o para recursos adicionales, llame a:
A.D.D. WareHouse
(305) 792-8944

Libros y vídeos para padres y maestros

Barkley, R. A. (1990). Attention Deficit HyperactivityDisorder: A Handbook for Diagnosis and Treatment (El trastorno de bajo nivel de atención e hiperactividad: Un manual para su diagnóstico y tratamiento). New York: Guilford Press.

Barkley, R.A. (1992) ADHD: What Do We Know? (ADHD: ¿Qué sabemos?) New York: Guilford Press (Vídeo)

Barkley, R.A. (1992) ADHD: What Can We Do? (ADHD: ¿Qué podemos hacer) New York: Guilford Press (Vídeo)

Brooks, R. (1991) The Self-Esteem Teacher (El Maestro de la Autoestima). Minnesota: American Guidance Service

Fowler, M. (1993). Maybe You Know My Kid (Quizás usted conozca a mi hijo). New York: Carol Publishing Group.

Fowler, M. (1992) CH.A.D.D. Educators Manual (CH.A.D.D. El Cuaderno de los Educadores). Florida: CH.A.D.D.

Goldstein S., & Goldstein, M. (1989). Why Won't My Child Pay Attention? (¿Por qué no presta atención mi hijo?). Utah: Neurology, Learning and Behavior Center (Vídeo)

Goldstein S., & Goldstein, M. (1990). Educating Inattentive Children (Como educar a los niños distraídos). Utah: Neurology, Learning and Behavior Center (Vídeo)

Goldstein S., & Goldstein, M. (1989). Hyperactivity: Why Won't My Child Pay Attention? (Hiperactividad: ¿Por qué no presta atención mi hijo?). New York: John Wiley & Sons.

Gordon, M. (1991). ADHD/Hyperactivity: A Consumer's Guide(ADHD/ Hiperactividad: Una guía para el consumidor.) New York: GSI Publications.

Greenberg, G. & Horn, W. (1991) ADHD: Questions and Answers (ADHD: Preguntas y respuestas). Illinois: Research Press.

Hallowell, E. & Ratey, J. (1994) Driven to Distraction (Llevado a la distracción). New York: Pantheon.

Ingersoll, B. (1988). Your Hyperactive Child: A Parent's Guide to Coping with Attention Deficit Disorder (Su hijo hiperactivo: Una guía para manejar el trastorno de bajo nivel de atención). New York: Doubleday.

Ingersoll, B. & Goldstein, S. (1993). Attention Deficit Disorder and Learning Disabilities: Realities, Myths and Controversial Treatments (El trastorno de bajo nivel de atención y las incapacidades de aprendizaje: Realidades, mitos y tratamientos controversiales). New York: Bantam Doubleday Dell.

Latham, P.S. and Latham, P.H. (1993) Attention Deficit Disorder and the Law (El trastorno de bajo nivel de atención y la ley). Washington, D.C.: JKL Communications.

Parker, H. (1990). Listen, Look, and Think (Escuche, mire y piense). Plantation, Florida: Specialty Press, Inc.

Parker, H. (1991) The Goal Card Program (El programa de la tarjeta de metas). Plantation, Florida: Specialty Press, Inc.

Parker, H. (1992). The ADD Hyperactivity Handbook for Schools (El manual para escuelas sobre ADD e hiperactividad). Plantation, Florida: Specialty Press, Inc.

Parker, H. (1992). The ADAPT Program (El programa de ADAPT). Plantation, Florida: Specialty Press, Inc.

Phelan, T. (1984). 1-2-3 Magic! Training Your Preschoolers and Preteens to Do What You Want (¡Magia de 1-2-3! Cómo adiestrar a sus preescolares y adolescentes a hacer lo que usted quiere). Illinois: Child Management.

Phelan, T. (1984. 1-2-3 Magic! Training Your Preschoolers and Preteens to Do What You Want (¡Magia de 1-2-3! Cómo adiestrar a sus preescolares y adolescentes a hacer lo que usted quiere). Illinois: Child Management. (Vídeo).

Phelan, T. (1984). All About Attention Deficit Disorder (Todo sobre el trastorno de bajo nivel de atención). Illinois: Child Management.

Phelan, T. (1993). All About Attention Deficit Disorder (Todo sobre el trastorno de bajo nivel de atención). Illinois: Child Management. (Vídeo).

Phelan, T. (1991). Surviving Your Adolescents (Cómo sobrevivir a sus adolescentes). Illinois: Child Management.

Kelly, K. and Ramundo, P. (1992) You Mean I'm Not Lazy, Stupid or Crazy?! (¿¿Usted quiere decir que no soy vago, ni estúpido, ni loco?!) Tyrell & Jerem Press.

Rief, S. (1993). How to Reach and Teach ADD/ADHD Children (Como establecer comunicación y enseñar a los niños con ADD/ADHD). New York: Center for Applied Research in Education.

Silver, L. (1984). The Misunderstood Child: A Guide for Parents of LD Children (El niño incomprendido: Una guía para padres de niños con LD). New York: McGraw Hill.

Silver, L. (1993). Dr. Larry Silver's Advice to Parents on Attention-Deficit Hyperactivity Disorder (El consejo del doctor Larry Silver a los padres sobre el trastorno de bajo nivel de atención o hiperactividad). Washington, D.C.: American Psychiatric Press.

Weiss, L. (1992). Attention Deficit Disorder in Adults (El trastorno de bajo nivel de atención en adultos). Dallas, Texas: Taylor Publishing Company.

Wender, P.H. (1987). The Hyperactive Child, Adolescent, and Adult: Attention Deficit Disorder Through the Life Span (El niño hiperactivo, el adolescente y el adulto: el trastorno de bajo nivel de atención durante toda la vida.) New York: Oxford University Press.

Recursos para familias y profesionales

Children and Adults with Attention Deficit Disorders
CH.A.D.D.
Suite 109
499 Northwest 70th Avenue
Plantation, Florida 33317
(305) 587-3700

Learning Disabilities Association of America
LDA
4156 Library Road
Pittsburgh, Pennsylvania 15234
(412) 341-1515

National Information Center for Handicapped Children and Youth
P.O. Box 1492
Washington, D.C. 20013

Orton Dyslexia Society
Chester Building
Suite 382
8600 LaSalle Road
Baltimore, Maryland 21204
(800) 222-3132

Tourette Syndrome Association
42-40 Bell Boulevard
Bayside, New York 11361
(800) 237-0717

Apéndice A

Tablas, escalas evaluativas y contratos de etiquetas para padres e hijos

La conducta al escuchar

Contrato de la Tabla de Etiquetas

Recibirás una etiqueta cada vez que _____
_____

Pero si te portas mal,_____
_____

Cuando tengas _____ etiquetas en tu tabla,
podrás _____

¡El que sabe escuchar es todo oídos!

La buena conducta a la hora de dormir

Contrato de la Tabla de Etiquetas

Recibirás una etiqueta cada vez que _____
_____

Pero si te portas mal,_____
_____

Cuando tengas _____ etiquetas en tu tabla, podrás _____

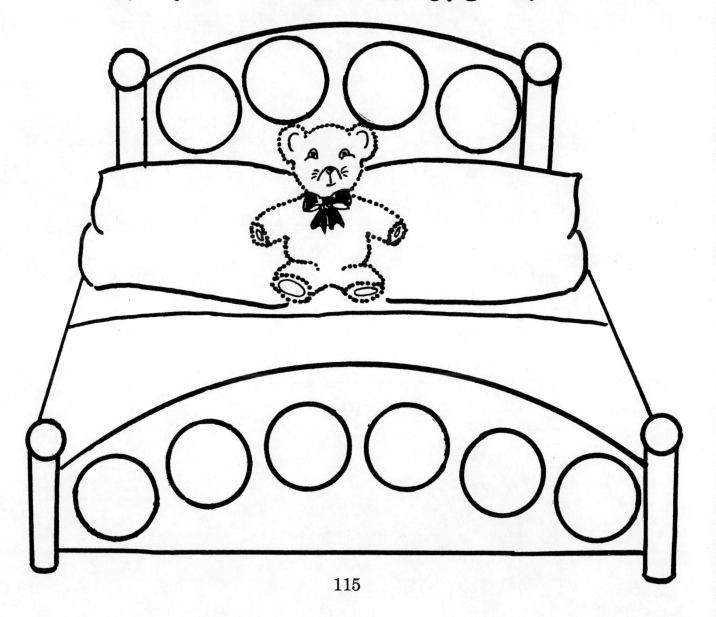

Contrato de la Tabla de Etiquetas

Recibirás una etiqueta cada vez que _____

_____

Pero si te portas mal, _____

_____

Cuando tengas _____ etiquetas en tu tabla, podrás _____

LA BUENA CONDUCTA EN PUBLICO

RICE

SUGAR

CEREAL

SOAP

PEAS

117

LOS MODALES EN LA MESA

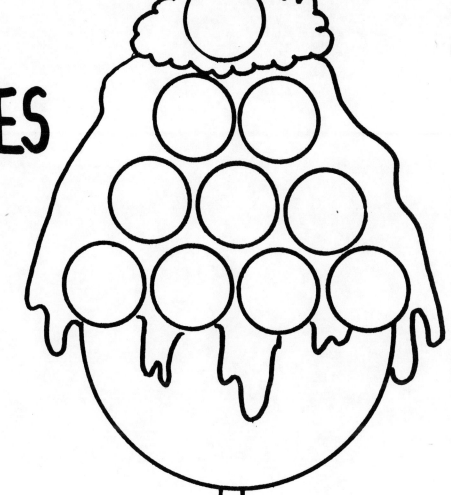

Contrato de la Tabla de Etiquetas

Recibirás una etiqueta cada vez que _____

_____

Pero si te portas mal,_____

_____

Cuando tengas _____ etiquetas en tu tabla,
podrás _____

119

Contrato de la Tabla de Etiquetas

Recibirás una etiqueta cada vez que _____
_____

Pero si te portas mal,_____
_____

Cuando tengas _____ etiquetas en tu tabla,
podrás _____

Compartir

121

TAREA ESCOLAR EN LA CASA

Nombre _____

Lectura

Ortografía

Aritmética

Ciencia

Contrato de la Tabla de Etiquetas

Recibirás una etiqueta cada vez que _____

Pero si te portas mal, _____

Cuando tengas _____ etiquetas en tu tabla, podrás _____

123

Vamos a prepararnos

125

Contrato de la Tabla de Etiquetas

Recibirás una etiqueta cada vez que _____

_____

Pero si te portas mal, _____

_____

Cuando tengas _____ etiquetas en tu tabla,
podrás _____

Se un pasajero cuidadoso

Programa de Distintivos en el Hogar

Nombre _____ Fecha _____

CONDUCTAS QUE GANAN PUNTOS	VALOR EN PUNTOS	PUNTOS GANADOS CADA DIA						
		LUN	MAR	MIERC	JUEV	VIER	SAB	DOM
PUNTUACION TOTAL								

_____ = _____ Puntos

_____ = _____ Puntos

_____ = _____ Puntos

- -

Programa de Distintivos en el Hogar

Nombre _____ Fecha _____

CONDUCTAS QUE GANAN PUNTOS	VALOR EN PUNTOS	PUNTOS GANADOS CADA DIA						
		LUN	MAR	MIERC	JUEV	VIER	SAB	DOM
PUNTUACION TOTAL								

_____ = _____ Puntos

_____ = _____ Puntos

_____ = _____ Puntos

Programa de Distintivos en el Hogar

NOMBRE _____ FECHA _____

CONDUCTAS QUE GANAN PUNTOS	VALOR EN PUNTOS	PUNTOS GANADOS CADA DIA						
		LUN	MAR	MIERC	JUEV	VIER	SAB	DOM
	+							
	+							
	+							
	+							
CONDUCTAS QUE PIERDEN PUNTOS	PUNTOS PERDIDOS CADA DIA							
	−							
	−							
PUNTOS GANADOS ESTE DIA								
SALDO DE AYER								
NUEVO SALDO DE HOY								
PUNTOS PERDIDOS HOY								
TOTAL DE PUNTOS RESTANTES								

MENU

_____ = _____ Puntos

_____ = _____ Puntos

_____ = _____ Puntos

Escala Evaluativa Abreviada de Conners para Maestros (ATRS)

NOMBRE DEL NIÑO(A): _____

LLENADO EL: _____ MAESTRO(A): _____

Instrucciones: Sírvase considerar sólo el _____ (la) último(a) 1 (día, semana, mes) al llenar la lista de verificación. Marque el espacio que corresponda a la cantidad de actividad: Ninguna, Sólo un poco, Bastante o Mucha, que más se ajuste a su valoración del niño.

Observación	Cantidad de actividad			
	Ninguna	Sólo un poco	Bastante	Mucha
1 Inquieto o demasiado activo				
2 Excitable, impulsivo				
3. Molesta a los demás niños				
4. No termina lo que empieza – capacidad de atención corta				
5. Se mueve constantemente				
6. Distraído, su atención se desvía fácilmente				
7. Desea satisfacción inmediata de sus demandas – se frustra con facilidad				
8. Llora con frecuencia y ante cualquier situación				
9. Su estado de ánimo varía rápidamente y de manera drástica				
10. Arranques de mal genio, conducta explosiva y caprichosa				

Comentarios: _____

_____

_____

Puntuación Total:_____

Por el doctor C. Keith Conners.

133

Escala Evaluativa Abreviada de Conners para Maestros (ATRS)

NOMBRE DEL NIÑO(A): _____

LLENADO EL: _____ MAESTRO(A): _____

Instrucciones: Sírvase considerar sólo el _____ (la) último(a) 1 (día, semana, mes) al llenar la lista de verificación. Marque el espacio que corresponda a la cantidad de actividad: Ninguna, Sólo un poco, Bastante o Mucha, que más se ajuste a su valoración del niño.

Observación	Cantidad de actividad			
	Ninguna	Sólo un poco	Bastante	Mucha
1 Inquieto o demasiado activo				
2 Excitable, impulsivo				
3. Molesta a los demás niños				
4. No termina lo que empieza – capacidad de atención corta				
5. Se mueve constantemente				
6. Distraído, su atención se desvía fácilmente				
7. Desea satisfacción inmediata de sus demandas – se frustra con facilidad				
8. Llora con frecuencia y ante cualquier situación				
9. Su estado de ánimo varía rápidamente y de manera drástica				
10. Arranques de mal genio, conducta explosiva y caprichosa				

Comentarios: _____

_____

_____

Puntuación Total:_____

Por el doctor C. Keith Conners.

Registro de Valoración del Tratamiento

NIÑO(A):		EDAD:	MAESTRO(A):	

EDAD	ATRS CORTE EN PUNTUACION VARONES HEMBRAS	DOSIS DE MEDICAMENTO Y PUNTUACIONES ATRS		
	VARONES HEMBRAS	FECHA: _____ DOSIS: _____	FECHA: _____ DOSIS: _____	FECHA: _____ DOSIS: _____
6-8	18 13			
9-11	20 14			
12-14	13 7			
15-17	13 16			

Aviso: Sírvase anotar aquí el nombre y la dosis en mg. del medicamento. Anote si se toma el medicamento más de una vez al día, así como cualquier efecto secundario observable:

Registro de Valoración del Tratamiento

NIÑO(A):		EDAD:	MAESTRO(A):	

EDAD	ATRS CORTE EN PUNTUACION VARONES HEMBRAS	DOSIS DE MEDICAMENTO Y PUNTUACIONES ATRS		
	VARONES HEMBRAS	FECHA: _____ DOSIS: _____	FECHA: _____ DOSIS: _____	FECHA: _____ DOSIS: _____
6-8	18 13			
9-11	20 14			
12-14	13 7			
15-17	13 16			

Aviso: Sírvase anotar aquí el nombre y la dosis en mg. del medicamento. Anote si se toma el medicamento más de una vez al día, así como cualquier efecto secundario observable:

PROGRAMA DE LA TARJETA DE METAS (I)ntermedia
Del primero al octavo grado

Nombre del niño(a): _____ Maestro(a): _____

Grado: _____ Escuela: _____ Aula: _____

Semana del: _____

Tarjeta de Metas	LUN	MAR	MIERC	JUEV	VIER
1. Prestó atención en la clase					
2. Terminó el trabajo en la clase					
3. Terminó la tarea en la casa					
4. Se portó bien					
5. Su escritorio y libretas están limpios					
Totales					
Iniciales del maestro					

Escalas Evaluativas

N/A = No es aplicable
O = Pérdida, Olvido o
    Destrucción de la Tarjeta
MARQUE LA ESCALA
    QUE UTILIZARA

1 = Pésimo	1 = Pobre
2 = Pobre	2 = Mejor
3 = Regular	3 = Bien
4 = Bien	
5 = Excelente	

Metas por _____ puntos

PROGRAMA DE LA TARJETA DE METAS (I)ntermedia
Del primero al octavo grado

Nombre del niño(a): _____ Maestro(a): _____

Grado: _____ Escuela: _____ Aula: _____

Semana del: _____

Tarjeta de Metas	LUN	MAR	MIERC	JUEV	VIER
1. Prestó atención en la clase					
2. Terminó el trabajo en la clase					
3. Terminó la tarea en la casa					
4. Se portó bien					
5. Su escritorio y libretas están limpios					
Totales					
Iniciales del maestro					

Escalas Evaluativas

N/A = No es aplicable
O = Pérdida, Olvido o
    Destrucción de la Tarjeta
MARQUE LA ESCALA
    QUE UTILIZARA

1 = Pésimo	1 = Pobre
2 = Pobre	2 = Mejor
3 = Regular	3 = Bien
4 = Bien	
5 = Excelente	

Metas por _____ puntos

PROGRAMA DE LA TARJETA DE METAS (I)ntermedia
Del primero al octavo grado

Nombre del niño(a): _____ Maestro(a): _____

Grado: _____ Escuela: _____ Aula: _____

Semana del: _____

Tarjeta de Metas	LUN	MAR	MIERC	JUEV	VIER
1. Prestó atención en la clase					
2. Terminó el trabajo en la clase					
3. Terminó la tarea en la casa					
4. Se portó bien					
5. Su escritorio y libretas están limpios					
Totales					
Iniciales del maestro					

Escalas Evaluativas

N/A = No es aplicable
O = Pérdida, Olvido o
    Destrucción de la Tarjeta
MARQUE LA ESCALA
QUE UTILIZARA

1 = Pésimo	1 = Pobre
2 = Pobre	2 = Mejor
3 = Regular	3 = Bien
4 = Bien	
5 = Excelente	

Metas por _____ puntos

- -

PROGRAMA DE LA TARJETA DE METAS (I)ntermedia
Del primero al octavo grado

Nombre del niño(a): _____ Maestro(a): _____

Grado: _____ Escuela: _____ Aula: _____

Semana del: _____

Tarjeta de Metas	LUN	MAR	MIERC	JUEV	VIER
1. Prestó atención en la clase					
2. Terminó el trabajo en la clase					
3. Terminó la tarea en la casa					
4. Se portó bien					
5. Su escritorio y libretas están limpios					
Totales					
Iniciales del maestro					

Escalas Evaluativas

N/A = No es aplicable
O = Pérdida, Olvido o
    Destrucción de la Tarjeta
MARQUE LA ESCALA
QUE UTILIZARA

1 = Pésimo	1 = Pobre
2 = Pobre	2 = Mejor
3 = Regular	3 = Bien
4 = Bien	
5 = Excelente	

Metas por _____ puntos

PROGRAMA DE LA TARJETA DE METAS
PARA PREESCOLAR Y KINDERGARTEN (P)rimaria

NOMBRE DEL NIÑO(A) _____ MAESTRO(A) _____

SEMANA DEL _____

Tarjeta de Metas	LUN	MAR	MIERC	JUEV	VIER
PRESTO ATENCION					
JUGO BIEN					
OBEDECIO LAS REGLAS					
TOTAL					

1 = HACER UN MEJOR
ESFUERZO

2 = MEJOR

3 = BUEN TRABAJO

MI META ES
OBTENER _____ PUNTOS

- -

PROGRAMA DE LA TARJETA DE METAS
PARA PREESCOLAR Y KINDERGARTEN (P)rimaria

NOMBRE DEL NIÑO(A) _____ MAESTRO(A) _____

SEMANA DEL _____

Tarjeta de Metas	LUN	MAR	MIERC	JUEV	VIER
PRESTO ATENCION					
JUGO BIEN					
OBEDECIO LAS REGLAS					
TOTAL					

1 = HACER UN MEJOR
ESFUERZO

2 = MEJOR

3 = BUEN TRABAJO

MI META ES
OBTENER _____ PUNTOS

PROGRAMA DE LA TARJETA DE METAS
PARA PREESCOLAR Y KINDERGARTEN (P)rimaria

NOMBRE DEL NIÑO(A) _____ MAESTRO(A) _____

SEMANA DEL _____

Tarjeta de Metas

	LUN	MAR	MIERC	JUEV	VIER
PRESTO ATENCION					
JUGO BIEN					
OBEDECIO LAS REGLAS					
TOTAL					

1 = HACER UN MEJOR ESFUERZO

2 = MEJOR

3 = BUEN TRABAJO

MI META ES OBTENER _____ PUNTOS

PROGRAMA DE LA TARJETA DE METAS
PARA PREESCOLAR Y KINDERGARTEN (P)rimaria

NOMBRE DEL NIÑO(A) _____ MAESTRO(A) _____

SEMANA DEL _____

Tarjeta de Metas

	LUN	MAR	MIERC	JUEV	VIER
PRESTO ATENCION					
JUGO BIEN					
OBEDECIO LAS REGLAS					
TOTAL					

1 = HACER UN MEJOR ESFUERZO

2 = MEJOR

3 = BUEN TRABAJO

MI META ES OBTENER _____ PUNTOS